DA LIBERDADE INDIVIDUAL E ECONÔMICA

CONHEÇA OUTROS LIVROS DA SÉRIE:

POLÍTICA, IDEOLOGIA E CONSPIRAÇÕES

DESCULPE-ME SOCIALISTA

MITOS E FALÁCIAS DA AMÉRICA LATINA

A LEI, MENOS ESTADO E MAIS LIBERDADE

ERROS FATAIS DO SOCIALISMO

JOHN STUART MILL

DA LIBERDADE INDIVIDUAL E ECONÔMICA

PRINCÍPIOS E APLICAÇÕES DO PENSAMENTO LIBERAL

Tradução:
CARLOS SZLAK

COPYRIGHT © JOHN STUART MILL, 1859

COPYRIGHT © FARO EDITORIAL, 2019

Todos os direitos reservados.
Nenhuma parte deste livro pode ser reproduzida sob quaisquer meios existentes sem autorização por escrito do editor.

Diretor editorial PEDRO ALMEIDA
Coordenação editorial CARLA SACRATO
Preparação DIOGO RUFATTO
Revisão REAL JOB DA LABPUB: MONIQUE D'ORAZIO, LILIAN CENTURION, ÍTAL BARROS, BIANCA RABAIOLI, JESSICA ROMANIN MATTUS E CYBELE GIANNIN
Capa e diagramação OSMANE GARCIA FILHO
Imagem de capa DOOMKO | ISTOCK

Dados Internacionais de Catalogação na Publicação (CIP)
Angélica Ilacqua CRB-8/7057

Mill, John Stuart, 1806-1873
  Da liberdade individual e econômica : princípios e aplicações do pensamento liberal / John Stuart Mill ; tradução de Carlos Szlak. — São Paulo : Faro Editorial, 2019.
  160 p.

  ISBN 978-85-9581-079-2
  Título original: On liberty

  1. Política e governo 2. Ciências sociais 3. Liberdade 4. Liberalismo I. Título II. Szlak, Carlos

19-0485   CDD 323.44

Índice para catálogo sistemático:
1. Liberdade 323.44

1ª edição brasileira: 2019
Direitos de edição em língua portuguesa, para o Brasil, adquiridos por FARO EDITORIAL

Avenida Andrômeda, 885 – Sala 310
Alphaville – Barueri – SP – Brasil
CEP: 06473-000 – Tel.: +55 11 4208-0868
www.faroeditorial.com.br

SUMÁRIO

CAPÍTULO 1 Introdução 11

CAPÍTULO 2 Da liberdade de pensamento e discussão 29

CAPÍTULO 3 Da individualidade como um dos elementos do bem-estar 78

CAPÍTULO 4 Dos limites da autoridade da sociedade sobre o indivíduo 103

CAPÍTULO 5 Aplicações 128

Notas 157

O grande e importante princípio para o qual convergem diretamente todos os argumentos desenvolvidos nestas páginas é a importância absoluta e fundamental do desenvolvimento humano em sua mais rica diversidade.

WILHELM VON HUMBOLDT
Filósofo, Linguista e fundador da Universidade de Berlim.

Dedico este livro à amada e pranteada memória daquela que foi a inspiradora e, em parte, a autora de tudo o que há de melhor em meus escritos, a amiga e esposa cujo elevado senso de verdade e justiça era o meu mais forte estímulo e cuja aprovação era a minha principal recompensa. Como tudo o que escrevi ao longo de muitos anos, pertence tanto a ela quanto a mim; a obra, tal como está, teve a vantagem inestimável de sua revisão, mas em grau bastante insuficiente. Alguns dos trechos mais importantes, tendo sido reservados para um reexame mais cuidadoso, agora nunca vão recebê-lo. Fosse eu capaz de traduzir metade dos grandes pensamentos e dos nobres sentimentos que estão sepultados em seu túmulo, seria o veículo de um maior benefício para o mundo do que algo que eu escreva espontaneamente e sem a ajuda de sua sabedoria quase incomparável.

CAPÍTULO 1

Introdução

O ASSUNTO DESTE ENSAIO NÃO É A CHAMADA LIBERDADE da Vontade, contrária, de modo tão infeliz, à doutrina incorretamente chamada de Necessidade Filosófica; mas, sim, a Liberdade Civil ou Social, ou seja, a natureza e os limites do poder que a sociedade pode exercer legitimamente sobre o indivíduo. Em linhas gerais, uma questão raramente exposta e quase nunca discutida, mas que, com sua presença latente, influencia profundamente as controvérsias práticas da época, e que, em breve, tende a ser reconhecida como a questão essencial do futuro. Está longe de ser nova, já que, em certo sentido, dividiu a humanidade quase desde as eras mais remotas; mas, no estágio de progresso em que entraram agora as porções mais civilizadas da espécie humana, apresenta-se sob novas condições e requer um tratamento diferenciado e mais fundamental.

O conflito entre Liberdade e Autoridade é a característica mais perceptível nas partes da história com que estamos mais familiarizados, principalmente as da Grécia, Roma e Inglaterra. Contudo, nos tempos antigos, essa disputa ocorria entre súditos, ou algumas categorias de súditos, e o Governo. Por liberdade, entendia-se a proteção contra a tirania dos governantes políticos. Considerava-se que os governantes (exceto em alguns dos governos populares da Grécia) estavam necessariamente em posição de antagonismo em relação ao povo que governavam. Consistiam em um único governante, ou em uma tribo ou uma casta governante — cuja autoridade derivava de herança ou conquista —, que, em todo caso, não mantinha essa autoridade segundo a vontade dos governados e cuja supremacia os homens não se arriscavam a contestar, ou talvez não desejassem fazê-lo, independentemente das medidas que poderiam ser tomadas contra seu exercício opressivo. Seu poder era considerado necessário, mas também bastante perigoso, como uma arma que o governante tentaria usar tanto contra seus súditos como contra inimigos externos. Para impedir que os membros mais fracos da comunidade fossem predados por inúmeros abutres, era necessário que houvesse um animal de rapina mais forte do que os demais, encarregado de reprimi-los. Porém, como o rei dos abutres não seria menos propenso a predar o rebanho do que as harpias menores, era indispensável manter posição de defesa constante contra seu bico e suas garras. Portanto, o objetivo dos patriotas era estabelecer limites para o poder exercido sobre a comunidade pelo governante, e essa limitação era o que entendiam por liberdade. Tentou-se isso de dois modos. Primeiro, obtendo o reconhecimento de certas imunidades, chamadas de liberdades ou direitos políticos, cuja infração pelo governante deveria ser considerada como quebra do dever e, caso tal infração de fato ocorresse, uma resistência específica, ou uma rebelião geral, seria considerada justificável. O segundo modo, geralmente um expediente posterior, envolvia o estabelecimento de freios constitucionais, pelos quais o consentimento da comunidade, ou de algum tipo de órgão, que se supunha representar seus interesses, convertia-se em condição necessária para alguns dos atos mais importantes do poder governante. Na maioria dos países europeus, o poder dominante foi obrigado, em maior ou menor grau, a se submeter ao primeiro desses modos de limitação. Ao segundo modo de limitação, não foi assim. Alcançá-lo — ou, se já existente até certo ponto, alcançá-lo de forma mais completa — tornou-se em todos os lugares o objetivo principal dos amantes da liberdade. E, enquanto os homens se contentassem em combater um inimigo por meio de outro e em serem governados por um senhor, com a condição de que houvesse alguma garantia, em grau mais ou menos eficaz, contra sua tirania, não levariam suas aspirações muito além desse ponto.

No entanto, no progresso dos assuntos humanos, chegou um momento em que os homens deixaram de acreditar que era uma necessidade natural seus governantes serem um poder independente, de interesses contrários aos seus. Pareceu-lhes muito melhor que os diversos magistrados do Estado fossem seus delegados ou representantes, anuláveis ao seu dispor. Só assim, aparentemente, poderiam ter plena segurança de que os poderes do governo jamais seriam objeto de abuso em seu desfavor. Aos poucos, essa nova demanda por governantes eletivos e temporários tornou-se o objetivo principal dos esforços do partido popular, onde ele existia, e suplantou em grande medida as iniciativas anteriores de limitar o poder dos governantes. Com a continuidade da luta para fazer o poder dominante emanar da escolha periódica dos governados, alguns começaram a pensar que fora atribuída demasiada importância à limitação do poder em si. Esse era (ou talvez parecesse) um recurso contra governantes cujos interesses se opunham habitualmente aos do povo. O que se pretendia então era que os governantes se identificassem com o povo, que seu interesse e sua vontade fossem o interesse e a vontade da nação. A nação não precisava se proteger contra sua própria vontade. Não havia receio de que a nação tiranizasse a si mesma. Se os governantes fossem efetivamente responsáveis pela nação, se ela pudesse removê-los de imediato, a nação poderia se dar ao luxo de confiar-lhes o poder do qual ela mesma poderia ditar o uso. O poder deles era apenas o próprio poder da nação, concentrado e numa forma conveniente de exercício. Esse modo de pensar, ou melhor, talvez de sentir, era comum entre a última geração do liberalismo europeu no Continente, onde, ao que tudo indica, ainda predomina. Aqueles que admitem alguma limitação ao que um governo pode fazer, exceto no caso de governos que, julgam, nem deveriam existir, destacam-se como exceções brilhantes entre os pensadores políticos do Continente. Um sentimento semelhante poderia ter prevalecido na Inglaterra se as circunstâncias que o encorajaram por algum tempo tivessem permanecido inalteradas.

No entanto, em relação às teorias políticas e filosóficas, e também em relação às pessoas, o sucesso revela falhas e fraquezas que o fracasso poderia ter ocultado. A noção de que o povo não precisa limitar seu poder sobre si mesmo poderia parecer axiomática quando o governo popular não passava de um sonho ou era algo que se lia ter existido em algum passado remoto. Tampouco essa noção foi muito abalada por aberrações temporárias como as da Revolução Francesa, as piores das quais foram obras de alguns poucos usurpadores e que, de qualquer forma, não integravam o funcionamento permanente das instituições populares, mas sim um surto súbito e convulsivo contra o despotismo monárquico e aristocrático. Com o tempo, porém, a república democrática passou a ocupar uma grande porção da superfície terrestre e se fez sentir como um dos membros mais poderosos da comunidade de nações; e o governo eletivo e responsável ficou sujeito às observações e às críticas que acompanham qualquer grande fato existente.

Percebeu-se, então, que termos como "autogoverno" e "o poder do povo sobre si mesmo" não expressavam o verdadeiro estado das coisas. O "povo" que exerce o poder nem sempre é o mesmo povo sobre o qual o poder é exercido; e o dito "autogoverno" não é o governo de cada um por si próprio, mas o de cada um por todo o resto. Além disso, a vontade do povo, na prática, significa a vontade da parcela mais numerosa ou mais ativa do povo; da maioria, ou daqueles que conseguem se fazer aceitos como maioria; portanto, o povo pode querer oprimir uma parte de seus membros; e medidas são tão necessárias contra isso como contra qualquer outro abuso de poder. Dessa maneira, a limitação do poder do governo sobre os indivíduos não perde nada de sua importância quando os detentores do poder prestam contas regularmente à comunidade; isto é, para o grupo mais forte dela. Essa visão das coisas, que se recomenda tanto à inteligência dos pensadores como à inclinação daquelas classes importantes da sociedade europeia a cujos interesses reais ou supostos a democracia é adversa, não teve dificuldade em se estabelecer; e, agora, nas especulações políticas, "a tirania da maioria" geralmente está incluída entre os males contra os quais a sociedade deve se prevenir.

Como outras tiranias, a tirania da maioria apoiou-se a princípio no medo, e vulgarmente ainda se apoia nele, em especial quando atua por intermédio de atos das autoridades públicas. Contudo, pessoas esclarecidas perceberam que, quando a própria sociedade é o tirano — a sociedade enquanto coletivo ante os indivíduos que a compõem separadamente —, seus meios de tiranizar não se restringem aos atos que ela pode praticar pelas mãos de seus funcionários políticos. A sociedade pode executar e executa suas próprias ordens. E, se expede ordens erradas em vez de certas, ou quaisquer ordens sobre coisas nas quais não deveria se intrometer, pratica uma tirania social mais terrível do que muitos tipos de opressão política, já que, embora em geral não se apoie em penalidades tão extremas, deixa menos escapatória, penetrando muito mais fundo nos detalhes da vida e escravizando a própria alma. Dessa maneira, a proteção contra a tirania do magistrado não é suficiente. Também é necessária a proteção contra a tirania da opinião e dos sentimentos dominantes, contra a propensão de a sociedade impor, por outros meios que não as penalidades civis, suas próprias ideias e práticas como regras de conduta àqueles que divergem delas. Assim restringindo o desenvolvimento e, se possível, impedindo a formação de qualquer individualidade em desarmonia com seus costumes, e obrigando todos os indivíduos a se adaptar ao seu próprio modelo. Há um limite para a interferência legítima da opinião coletiva em relação à independência individual. E encontrar esse limite, e preservá-lo contra usurpações, é indispensável tanto para uma boa condição dos assuntos humanos quanto para a proteção contra o despotismo político.

No entanto, apesar da improbabilidade de essa proposição ser contestada em termos gerais, a questão prática de onde situar o limite — como fazer o ajuste apropriado entre independência individual e controle social — é um assunto sobre o qual quase tudo ainda está por se fazer. Tudo o que torna a existência valiosa para alguém depende da imposição de coibições às ações de outras pessoas. Algumas regras de conduta, portanto, devem ser impostas primeiro pela lei e depois pela opinião a respeito de muitas coisas que não são matérias adequadas à força da lei. A principal questão nos assuntos humanos é quais deveriam ser essas regras. Porém, excluindo-se alguns dos casos mais óbvios, trata-se de uma questão em que menos progresso foi feito em termos de solução. Não existem duas épocas, e dificilmente existem dois países, que solucionaram a questão de forma igual; e a solução de uma época ou de um país causa espanto a outras épocas ou países. No entanto, o povo de uma dada época e de um dado país não suspeita da presença de qualquer dificuldade na solução, como se fosse um assunto sobre o qual a humanidade sempre tenha estado de acordo. As regras que estabelecem entre si lhes parecem evidentes e justificaram-se a si próprias.

Essa ilusão quase universal é um dos exemplos da influência mágica do costume, que não só é uma segunda natureza, como afirma o provérbio, mas também é continuamente confundida com a primeira natureza. O efeito do costume de impedir qualquer dúvida relativa às regras de conduta que os homens impõem uns aos outros é ainda mais cabal porque trata de um assunto sobre o qual geralmente não se considera necessário que se deem razões, quer seja de uma pessoa para outras, quer seja de cada um para si. As pessoas estão acostumadas a crer, e foram incentivadas por alguns aspirantes à condição de filósofos a ter essa crença, que, em assuntos dessa natureza, o sentimento é melhor que a razão, tornando a última desnecessária. O princípio prático que as guia em suas opiniões referentes à regulação da conduta humana é o sentimento, na mente de cada pessoa, de que todos devem ser obrigados a agir como ela e como aquelas pessoas com quem ela simpatiza. De fato, ninguém admite para si que seu critério de julgamento é sua própria afinidade. No entanto, uma opinião em questão de conduta não sustentada por razões pode somente valer como a preferência de uma pessoa; e se as razões, quando dadas, forem um mero apelo a uma preferência semelhante à de outras pessoas, ainda assim se trata apenas da afinidade de muitas pessoas em vez de uma só. Contudo, para um homem comum, sua própria preferência, assim sustentada, não é só uma razão plenamente satisfatória, mas a única que ele costuma ter para todas as suas noções de moral, gosto ou decoro, que não estão expressamente enunciadas em seu credo religioso e que são seu principal guia na interpretação até mesmo dele. Por consequência, as opiniões dos homens sobre o que é louvável ou censurável são afetadas por todas as diversas causas que influenciam os seus desejos em relação à conduta dos outros, e que são tão numerosas quanto as que determinam seus desejos em relação a qualquer outro assunto. Às vezes são suas razões; outras vezes, seus preconceitos ou superstições. Muitas vezes, suas afeições sociais, não raramente as antissociais; sua inveja ou seu ciúme, sua arrogância ou seu desprezo; mas, mais comumente, seus desejos ou seus receios em relação a si próprios, seu autointeresse legítimo ou ilegítimo.

Onde há uma classe ascendente, grande parcela da moral do país emana de seus interesses de classe e de seus sentimentos de superioridade de classe. Os princípios morais entre espartanos e hilotas, entre proprietários de terras e escravos, entre príncipes e súditos, entre nobres e plebeus, entre homens e mulheres foram, em grande parte, a criação desses interesses e sentimentos de classe. E os sentimentos assim gerados reagiram por sua vez sobre os sentimentos morais dos membros da classe ascendente, nas relações entre eles. Quando, por outro lado, uma classe anteriormente ascendente perdeu sua ascendência, ou onde sua ascendência for impopular, os sentimentos morais predominantes costumam indicar um desprezo impaciente pela superioridade. Outro grande princípio determinante das regras de conduta que foram impostas pela lei ou pela opinião, tanto para atos quanto para leniência, foi o servilismo dos homens em relação às supostas preferências ou aversões de seus senhores temporais ou de seus deuses. Esse servilismo, embora basicamente egoísta, não é hipocrisia. Ele dá origem a sentimentos de repulsa perfeitamente genuínos; ele levou homens a queimar bruxas e hereges. Entre tantas influências ignóbeis, é claro que os interesses gerais e óbvios da sociedade tiveram grande papel na orientação dos sentimentos morais. Porém, menos por uma questão de razão e por conta própria, e mais como consequência das simpatias e antipatias que se originaram neles, e simpatias e antipatias que pouco ou nada tinham a ver com os interesses da sociedade marcaram presença no estabelecimento dos princípios morais.

Portanto, as afinidades e as aversões da sociedade, ou de uma de suas parcelas poderosas, são o elemento principal que praticamente determinou as regras estabelecidas para a observância geral sob as penas da lei ou da opinião. E, em geral, aqueles que estavam à frente da sociedade, em pensamento e sentimento, não atacaram esse estado das coisas em princípio, por mais que possam ter entrado em conflito com ele em alguns de seus detalhes. Eles trataram de investigar quais coisas a sociedade deveria gostar ou desgostar, e não de questionar se as afinidades ou aversões deveriam ser lei para os indivíduos. Preferiram empenhar-se em modificar os sentimentos dos homens em pontos específicos em que eles mesmos eram heréticos, em vez de unir-se a estes na causa em defesa da liberdade. O único caso em que um ou outro indivíduo aqui e ali assumiu uma posição superior por princípio e a manteve com consistência é o da crença religiosa. Trata-se, sob vários aspectos, de um caso instrutivo, especialmente por representar um exemplo claro da falibilidade do chamado senso moral; pois, num fanático sincero, o *odium theologicum* [ódio teológico] é um dos casos mais inequívocos de sentimento moral. Em geral, os primeiros que romperam o jugo daquilo que se autonomeava Igreja Universal estavam tão pouco dispostos a admitir diferenças de opinião religiosa quanto essa própria igreja. Contudo, quando o ardor do conflito arrefeceu, sem a vitória decisiva de nenhum dos lados, e cada igreja ou seita teve de limitar suas expectativas para reter a posse do terreno que já ocupava, as minorias, ao perceberem que não tinham chance de se tornar maiorias, viram-se na necessidade de suplicar, àqueles a quem não conseguiram converter, permissão para divergir. Consequentemente, foi quase unicamente nesse campo de batalha que os direitos do indivíduo em relação à sociedade se assentaram em bases amplas de princípios, e que a pretensão da sociedade de exercer autoridade sobre os dissidentes foi abertamente contestada. Os grandes escritores, aos quais o mundo deve o que possui de liberdade religiosa, defenderam sobretudo a liberdade de consciência como direito inalienável e rejeitaram terminantemente a ideia de que um ser humano devesse prestar conta de sua crença religiosa aos outros. No entanto, para a humanidade, a intolerância é tão natural com respeito àquilo com que ela realmente se importa, que a liberdade religiosa dificilmente foi alcançada na prática, exceto onde a indiferença religiosa, que não gosta de ter sua paz perturbada por disputas teológicas, adicionou seu peso à balança. No espírito de quase todas as pessoas religiosas, mesmo nos países mais tolerantes, o dever da tolerância é admitido com reservas tácitas. Alguém pode aceitar divergências em questões de governo eclesiástico, mas não de dogma. Outro pode tolerar todo o mundo, exceto os papistas ou os unitaristas. Outro ainda pode tolerar todos que acreditam em religião revelada e alguns estendem sua tolerância um pouco mais, mas até o limite da crença num Deus e numa vida futura. Onde quer que o sentimento da maioria ainda seja genuíno e intenso, constata-se que sua pretensão à obediência pouco declinou.

Na Inglaterra, pelas circunstâncias peculiares da história política, embora o jugo da opinião talvez seja mais pesado, o da lei é mais leve do que na maioria dos demais países europeus. Além disso, há rejeição considerável da interferência direta do poder legislativo ou executivo na conduta pessoal. Não tanto devido a um justo respeito pela independência do indivíduo, quanto pelo hábito ainda subsistente de se ver o governo como representante de interesses antagônicos aos do povo. A maioria ainda não aprendeu a encarar o poder governamental como seu próprio poder, nem as opiniões governamentais como suas próprias opiniões. Quando aprender, provavelmente a liberdade individual ficará tão exposta à invasão do governo quanto já fica exposta à invasão da opinião pública. Contudo, ainda há uma quantidade considerável de sentimento pronto a ser mobilizado contra qualquer tentativa da lei de controlar os indivíduos em relação a assuntos sobre os quais até agora eles não estavam acostumados a que lhes fosse exercido controle. E isso com pouco discernimento referente a se a questão se insere ou não na esfera legítima do controle jurídico, de modo que o sentimento — em geral, bastante salutar — talvez seja tão frequentemente inapropriado quanto bem fundamentado em casos específicos de sua aplicação. De fato, não existe nenhum princípio reconhecido pelo qual a propriedade ou impropriedade da interferência governamental possa ser habitualmente verificada. As pessoas decidem de acordo com suas preferências pessoais. Algumas, sempre que vislumbram algum bem a se fazer, ou algum mal a remediar, incitam de bom grado o governo a assumir a tarefa. Enquanto outras preferem suportar quase qualquer quantidade de mal social, em lugar de adicionar mais um às áreas dos interesses humanos passíveis de controle governamental. E, de qualquer forma, os homens se posicionam de um lado ou de outro, de acordo com essa direção geral de seus sentimentos. Ou de acordo com o grau de interesse que sentem em relação ao assunto específico que é proposto ao governo assumir. Ou conforme a crença que têm de que o governo agirá ou não da maneira que eles preferem; mas muito raramente por causa de qualquer opinião a qual aderem de maneira consistente a respeito do que seria adequado a um governo fazer. E, no presente, parece-me que, em consequência dessa ausência de regras ou princípios, um dos lados está tão errado quanto o outro. Com quase a mesma frequência, a interferência do governo é invocada indevidamente e condenada dessa mesma forma.

O objetivo deste ensaio é defender um princípio muito simples, como conferido para regulamentar de modo absoluto as interações da sociedade com o indivíduo por meio da coação e do controle. Quer o meio usado seja a força física na forma de penalidades legais, quer seja a coerção moral da opinião pública. Esse princípio afirma que o único fim para que a espécie humana tem a justificativa, individual ou coletivamente, de interferir na liberdade de ação de qualquer um de seus membros, é proteger-se. Que o único propósito para o qual o poder pode ser exercido legitimamente sobre qualquer membro de uma comunidade civilizada, contra a sua vontade, é evitar danos aos outros membros. O próprio bem de um homem, físico ou moral, não é justificativa suficiente. Ele não pode ser legitimamente obrigado a fazer ou deixar de fazer algo porque será melhor para ele, porque o deixará mais feliz, ou porque, na opinião dos outros, seria sensato ou até correto. Essas podem ser boas razões para adverti-lo, para argumentar com ele, para convencê-lo ou para lhe suplicar, mas não para obrigá-lo nem para lhe infligir nenhum mal se agir de modo diferente. Para que isso se justifique, deve-se prever que a conduta da qual se deseja dissuadi-lo possa causar mal a outra pessoa. A única parte da conduta de alguém pela qual este é responsável perante a sociedade é aquela que diz respeito aos outros. Na parte que meramente diz respeito a si mesmo, sua independência é, por direito, absoluta. Sobre si, sobre seu corpo e seu espírito, o indivíduo é soberano.

Talvez seja desnecessário dizer que essa doutrina seja destinada à aplicação somente em seres humanos já amadurecidos em suas faculdades. Não estamos falando de crianças nem de jovens abaixo da idade que a lei define como maioridade. Aqueles que ainda se encontram num estado que requer os cuidados por outros devem ser protegidos contra suas próprias ações, e também contra danos externos. Pela mesma razão, podemos desconsiderar os estados atrasados de sociedade, em que a própria raça pode ser considerada em sua menoridade. As dificuldades iniciais no que diz respeito ao progresso espontâneo são tão grandes, que raramente há alternativas de meios para superá-las; e um governante dotado do espírito de aprimoramento encontra justificativa para o uso de quaisquer expedientes que levarão a um fim, talvez inatingível de outra forma. O despotismo é um modo legítimo de governo para lidar com bárbaros, desde que o fim seja o aprimoramento e os meios se justifiquem para se alcançar realmente esse fim. Como princípio, a liberdade não se aplica a nenhum estado de coisas anterior à época em que a humanidade se tornou capaz de se aperfeiçoar pela discussão livre e igualitária. Até tal momento, só lhe restava a obediência implícita a um Akbar ou a um Carlos Magno, caso tivesse a sorte de encontrar alguém assim. Porém, assim que os homens alcançaram a capacidade de ser guiados para seu aprimoramento pela convicção ou pela persuasão (período alcançado há muito tempo por todas as nações que aqui nos interessam), a coação, seja na forma direta, seja na forma de penalidades e castigos por descumprimento, não é mais admissível como meio para o bem do indivíduo, sendo justificável apenas para a segurança dos outros.

É correto afirmar que abro mão de qualquer vantagem que resulte de meu argumento baseado na ideia do direito abstrato como algo independente de utilidade. Considero a utilidade como o último recurso em todas as questões éticas; mas ela deve ser utilidade no sentido mais amplo, fundamentada nos interesses permanentes de um homem como um ser em progresso. Afirmo que esses interesses autorizam a sujeição da espontaneidade individual ao controle externo apenas em relação àquelas ações de cada pessoa que dizem respeito ao interesse de outras pessoas. Se alguém pratica um ato lesivo a outra pessoa, há um caso *prima facie* [de evidência aparente] para puni-lo, pela lei ou, quando as penalidades legais não são seguramente aplicáveis, pela desaprovação geral. Também existem diversos atos positivos em benefício dos outros que a pessoa possa legitimamente ser obrigada a praticar, como: testemunhar em um tribunal; assumir sua cota justa na defesa comum ou em qualquer outro trabalho conjunto necessário ao interesse da sociedade da qual goza de proteção. E executar certos atos de beneficência individual, como salvar a vida de um semelhante ou interferir para proteger os indefesos contra os abusos, coisas que, sempre que for um dever óbvio praticar, a pessoa pode ser legitimamente responsabilizada pela sociedade por omissão. Uma pessoa pode causar mal a outras não só por suas ações, mas também por sua inação, e, em ambos os casos, é justo que preste contas pelo dano. É bem verdade que o segundo caso requer o uso muito mais cauteloso da coerção do que o primeiro. Responsabilizar um indivíduo por fazer mal a outra pessoa é a regra; responsabilizá-lo por não impedir o mal é, comparativamente falando, a exceção. Contudo, há muitos casos bastante claros e graves para justificar tal exceção. Em todas as coisas referentes às relações externas do indivíduo, ele é *de jure* [pelo direito] responsável perante aqueles cujos interesses são afetados e, se necessário, perante a sociedade como protetora deles. Muitas vezes há boas razões para não o responsabilizar, mas essas razões devem surgir de conveniências especiais do caso. Ou porque se trata de um tipo de caso em que ele é, como um todo, propenso a agir melhor se ficar entregue ao próprio arbítrio do que se for controlado por qualquer uma das maneiras que a sociedade tem em seu poder para controlá-lo. Ou porque a tentativa de exercer controle produziria outros males, maiores do que aqueles que seriam evitados. Quando razões como essas impedem a imposição da responsabilidade, a consciência do próprio agente deve ocupar o assento vago do juiz e proteger os interesses dos outros que não possuem proteção externa, julgando a si próprio com ainda mais rigor, pois o caso não admite que ele tenha que prestar conta ao julgamento de seus semelhantes.

No entanto, há uma esfera de ação em que a sociedade, enquanto distinta do indivíduo, possui apenas um interesse indireto, se tanto, abrangendo toda aquela parte da vida e da conduta de uma pessoa que afeta apenas a ela mesma, ou se também afeta a outras pessoas, é apenas com o consentimento e a participação livre, voluntária e sem ludíbrio delas. Quando digo apenas a ela mesma, quero dizer diretamente e em primeiro lugar, pois tudo o que a afeta pode afetar outras pessoas por seu intermédio, e a objeção que pode se assentar nessa contingência receberá atenção na sequência. Portanto, essa é a região apropriada da liberdade humana. Abrange, primeiro, o domínio interno da consciência, exigindo liberdade de consciência no sentido mais amplo; liberdade de pensamento e sentimento; liberdade absoluta de opinião e sentimento em relação a todos os assuntos, práticos ou especulativos, científicos, morais ou teológicos. A liberdade de expressar e publicar opiniões pode parecer recair sob um princípio diferente, já que pertence àquela parte da conduta de um indivíduo que diz respeito a outras pessoas. Porém, sendo quase tão importante quanto a própria liberdade de pensamento, e baseando-se em grande parte nas mesmas razões, é praticamente inseparável dela. Em segundo lugar, o princípio requer liberdade de gostos e atividades, de estruturarmos um projeto de vida que se adeque ao nosso caráter, de fazermos o que quisermos, sujeitos às consequências que podem suceder disso, sem impedimento dos nossos semelhantes, desde que o que fizermos não lhes faça mal, mesmo que considerem nossa conduta tola, perversa ou errada. Em terceiro lugar, a essa liberdade de cada indivíduo, segue a liberdade, nos mesmos limites, do pacto entre os indivíduos; a liberdade de se unir para qualquer propósito não envolvendo danos aos outros, sendo que as pessoas em pacto devem ser maiores de idade e não serem forçadas ou ludibriadas.

Não é livre nenhuma sociedade em que essas liberdades não sejam respeitadas por completo seja qual for sua forma de governo; e nenhuma é completamente livre se essas liberdades não forem absolutas e irrestritas. A única liberdade que merece o nome é aquela que busca o nosso bem à nossa maneira, desde que não procuremos privar os outros da sua ou impedir suas iniciativas de alcançá-la. Cada um é o guardião adequado da sua própria saúde, seja ela corporal, mental, ou espiritual. Os homens têm mais a ganhar tolerando que cada um viva como lhe pareça melhor do que obrigando cada um a viver como pareça bom para o resto.

Embora essa doutrina não seja nova e, para alguns, possa parecer um truísmo, não há nenhuma doutrina que se oponha mais diretamente à propensão geral da opinião e da prática existentes. A sociedade despendeu o mesmo esforço na tentativa (de acordo com suas luzes) de obrigar as pessoas a se adaptarem tanto às suas noções de excelência pessoal quanto às de excelência social. As comunidades antigas se consideravam no direito de exercer, e os filósofos antigos aprovavam, a regulação de cada parte da conduta privada mediante autoridade pública, sob o fundamento de que o Estado tinha um profundo interesse em toda a disciplina física e mental de cada um de seus cidadãos. Um modo de pensar admissível em pequenas repúblicas rodeadas de inimigos poderosos, em perigo constante de serem subvertidas por ataques estrangeiros ou por comoções internas, e para as quais até mesmo um curto intervalo de relaxamento de energia e autocontrole poderia ser tão facilmente fatal que não podiam se dar ao luxo de esperar pelos salutares efeitos permanentes da liberdade. No mundo moderno, o tamanho maior das comunidades políticas e, acima de tudo, a separação entre autoridade espiritual e temporal (que colocou a direção das consciências dos homens em mãos diferentes das que controlavam seus assuntos terrenos) impediram uma interferência tão grande da lei nos detalhes da vida privada. Contudo, os mecanismos da repressão moral foram usados contra as divergências da opinião imperante em questões pessoais de modo mais incansável do que nas questões sociais. Com a religião, o elemento mais poderoso que entrou na formação do sentimento moral, tendo sido quase sempre governada ou pela ambição de uma hierarquia, procurando o controle sobre todas as áreas da conduta humana; ou pelo espírito do puritanismo. E alguns desses reformadores modernos, cuja oposição foi a mais veemente contra as religiões do passado, não ficaram de modo algum atrás das igrejas ou seitas ao afirmarem o direito de dominação espiritual: Comte, em particular, cujo sistema social, como desenvolvido em seu *Système de Politique Positive* [Sistema de Política Positiva], tenciona estabelecer (ainda que preferindo os instrumentos morais aos legais) um despotismo da sociedade sobre o indivíduo, sobrepujando qualquer coisa contemplada no ideal político do disciplinador mais rígido entre os filósofos antigos.

Afora os princípios singulares dos pensadores individuais, também há no mundo em geral uma tendência crescente de ampliar indevidamente os poderes da sociedade sobre o indivíduo, tanto pela força da opinião quanto, até mesmo, pela da legislação. E como a tendência de todas as mudanças que ocorrem no mundo é fortalecer a sociedade e reduzir o poder do indivíduo, essa usurpação não é um dos males que tendem a desaparecer espontaneamente, mas, ao contrário, tende a se tornar cada vez mais implacável. A propensão dos homens, seja como governantes, seja como concidadãos, de impor aos outros suas próprias opiniões e inclinações como regra de conduta é tão energicamente apoiada por alguns dos melhores e por alguns dos piores sentimentos incidentes na natureza humana, que dificilmente existe algo capaz de coibi-la, a não ser a falta de poder. E como o poder não está diminuindo, mas crescendo, a menos que uma forte barreira de convicção moral se erga contra a malignidade, devemos esperar, nas atuais circunstâncias do mundo, que ela se intensifique.

Será conveniente para a argumentação se, em vez de entrarmos imediatamente na tese geral, limitarmo-nos, num primeiro momento, a um único ramo dela, em que o princípio aqui expresso é, se não totalmente, pelo menos até certo ponto reconhecido pelas opiniões correntes. Esse ramo é a Liberdade de Pensamento, da qual é impossível separar a liberdade cognata de falar e de escrever. Embora essas liberdades, em quantidade considerável, façam parte da moral política de todos os países que professam a tolerância religiosa e as instituições livres, as bases filosóficas e práticas em que se assentam talvez não sejam tão familiares à consciência geral, nem sejam tão profundamente apreciadas, mesmo por muitos dos líderes de opinião, como se poderia esperar. Essas bases, se entendidas corretamente, são de aplicação muito mais ampla do que apenas uma divisão do assunto, e uma consideração criteriosa dessa parte da questão será a melhor introdução para o restante. Espero, portanto, que aqueles que não encontrem nada de novo no que estou prestes a dizer, perdoem-me se me aventuro em mais uma discussão sobre um assunto tantas vezes discutido nos últimos séculos.

CAPÍTULO 2

Da liberdade de pensamento e discussão

É DE SE ESPERAR QUE JÁ TENHA PASSADO O TEMPO EM que a defesa da "liberdade de imprensa" era necessária como uma das garantias contra um governo corrupto ou tirânico. Podemos supor que seja, agora, desnecessário qualquer argumento contra a permissão de um legislativo de ou um executivo, de interesses não identificados com o povo, prescrever opiniões a este e determinar quais doutrinas ou argumentos ele poderá ouvir. Além disso, esse aspecto da questão foi reforçado tanto e com tanto triunfo por escritores precedentes que aqui não é preciso insistir especialmente nele. Embora a lei de imprensa da Inglaterra seja tão servil hoje quanto era na época dos Tudor, há pouco perigo de que seja realmente posta em vigor contra o debate político, exceto durante algum pânico temporário, quando o medo da insurreição leva ministros e juízes à perda do decoro;[1] e, de modo geral, em países constitucionais não se deve recear que o governo, quer completamente responsável perante o povo, quer não, tente controlar a expressão de opinião com frequência, exceto se, com essa atitude, torne-se órgão da intolerância geral do público. Suponhamos, portanto, que o governo esteja em total sintonia com o povo e nunca pense em exercer qualquer poder de coerção a menos que esteja de acordo com o que concebe ser a voz do povo. No entanto, nego o direito de o povo exercer essa coerção, seja por si próprio, seja pelo governo. O poder em si é ilegítimo. O melhor governo não tem direito superior a ele que o pior. Quando exercido de acordo com a opinião pública, é tão ou mais nocivo do que quando em oposição a ela. Se todos os homens, exceto um, tivessem a mesma opinião, e apenas um fosse de opinião contrária, a humanidade não teria maior justificativa para silenciar esse homem do que ele teria, se tivesse o poder, para silenciar a humanidade. Se uma opinião fosse uma propriedade pessoal sem nenhum valor exceto para o proprietário; se o impedimento para o desfrute dela fosse simplesmente um dano pessoal, faria alguma diferença se o dano foi infligido apenas a algumas pessoas ou a muitas. Mas o mal singular de silenciar a expressão de uma opinião é que isso rouba o gênero humano, tanto a posteridade quanto a geração existente, e aqueles que discordam da opinião ainda mais do que aqueles que estão de acordo. Se a opinião é correta, a humanidade se priva da oportunidade de trocar o erro pela verdade; se errada, perde aquilo que quase constitui um grande benefício; ou seja, a percepção mais clara e a impressão mais vívida da verdade, produzidas pela sua colisão com o erro.

É necessário considerar separadamente essas duas hipóteses; cada uma das quais possui um ramo distinto de argumentação correspondente a ela. Nunca podemos ter certeza de que a opinião que estamos tentando sufocar seja falsa; e se tivéssemos tal certeza, ainda assim seria um mal sufocá-la.

Primeiro: a opinião que se tenta suprimir pela autoridade pode ser verdadeira. É claro que aqueles que desejam suprimi-la negam sua verdade, mas eles não são infalíveis. Não têm autoridade para decidir a questão para toda a humanidade e excluir todas as outras pessoas dos meios de julgar. Recusar-se a ouvir uma opinião, por ter a certeza de que é falsa, é presumir que essa certeza seja igual a uma certeza absoluta. Todo silenciamento de um debate constitui uma presunção de infalibilidade. Sua condenação pode se acomodar nesse argumento banal, que não é pior por ser banal.

Infelizmente para o bom senso da humanidade, sua falibilidade está longe de ter a importância no juízo prático que sempre lhe é permitido em teoria, pois, embora todos saibam muito bem que são falíveis, poucos acham necessário tomar quaisquer medidas contra sua própria falibilidade. Ou admitem supor que qualquer opinião da qual têm muita certeza possa ser um dos exemplos do erro a que se reconhecem expostos. Os príncipes absolutos ou outros, que estão acostumados à deferência ilimitada, geralmente sentem essa confiança plena em suas opiniões sobre quase todos os assuntos. As pessoas em situação mais afortunada, que às vezes têm suas opiniões contestadas e não estão totalmente desacostumadas a ser corrigidas quando estão erradas, depositam a mesma confiança ilimitada somente naquelas opiniões suas que são compartilhadas por todos ao seu redor ou por aqueles a quem habitualmente se submetem; pois, na razão direta da falta de confiança de um homem em seu próprio julgamento solitário, geralmente a confiança implícita desse homem repousa na infalibilidade do "mundo" em geral. E o mundo, para cada indivíduo, significa a parte com a qual ele entra em contato; seu partido, sua seita, sua igreja, sua classe social; em comparação, quase pode se chamar de liberal e de espírito aberto o homem para quem o mundo significa algo tão abrangente quanto o seu país ou a sua época. Tampouco sua fé nessa autoridade coletiva é abalada por ele saber que outras épocas, países, seitas, igrejas, classes e partidos pensaram, e ainda agora pensam, exatamente o contrário. Ele delega para seu mundo a responsabilidade de estar certo contra os mundos dissidentes de outras pessoas; e nunca o perturba o fato de que o mero acaso decidiu qual desses numerosos mundos é o objeto de sua confiança, e que as mesmas causas que o tornam um anglicano em Londres o teriam tornado um budista ou um confuciano em Pequim. Contudo, isto é tão evidente em si mesmo quanto qualquer argumentação poderia mostrar, que as épocas não são mais infalíveis que os indivíduos, com cada época sustentando muitas opiniões que as épocas subsequentes consideraram não apenas falsas, mas também absurdas. Sendo certo que muitas opiniões, agora gerais, serão rejeitadas pelas épocas futuras, como muitas, anteriormente gerais, são rejeitadas pelo presente.

A provável objeção a ser feita a esse argumento tem grandes propensões a se apresentar da forma como segue. Não há maior presunção de infalibilidade em proibir a propagação do erro do que em qualquer outra coisa que a autoridade pública faça conforme seu próprio julgamento e responsabilidade. O julgamento é dado aos homens para que possam usá-lo. Por poder ser usado erroneamente, deve-se dizer aos homens que nunca o usem? Proibir o que consideram pernicioso não é pretender isenção do erro, mas cumprir o dever que é obrigação deles, embora falível, de agir conforme sua convicção conscienciosa. Se nunca agíssemos de acordo com as nossas opiniões porque podem estar erradas, não cuidaríamos de nenhum de nossos interesses e não cumpriríamos nenhum de nossos deveres. Uma objeção que se aplica a todas as condutas não pode ser uma objeção válida a nenhuma conduta em específico. É dever dos governos e dos indivíduos formar as opiniões mais verdadeiras possíveis; formá-las cuidadosamente e nunca as impor aos outros a menos que tenham plena certeza de que estão certos. Mas quando eles têm certeza (esses pensadores podem dizer), não é conscienciosidade e sim covardia evitar agir de acordo com suas opiniões e permitir que se disseminem sem coibição doutrinas que honestamente consideram perigosas para o bem-estar da humanidade, nessa ou noutra vida, porque outras pessoas, em tempos menos esclarecidos, perseguiram opiniões que agora são consideradas verdadeiras. Tomemos o cuidado, digamos, de não cometer o mesmo erro; no entanto, governos e nações cometeram erros em outras coisas que não se nega serem assuntos adequados para o exercício da autoridade: impuseram impostos nocivos, travaram guerras injustas. Então não devemos impor impostos e, diante de qualquer provocação, travar guerras? Homens e governos devem agir conforme o melhor de sua capacidade. Não existe certeza absoluta, mas existe segurança suficiente para os propósitos da vida humana. Podemos, e devemos, presumir que nossa opinião seja verdadeira como guia de nossa conduta. E cabe a mesma presunção quando proibimos os maus de perverter a sociedade pela disseminação de opiniões que consideramos falsas e perniciosas.

Respondo que se trata de uma presunção muito maior. Há a maior diferença entre supor que uma opinião seja verdadeira, porque, mesmo com todas as oportunidades de contestá-la, ela não foi refutada, e presumir que seja verdadeira com o propósito de não permitir sua refutação. A completa liberdade de contradizer e refutar nossa opinião é a própria condição que nos justifica presumir que ela seja verdadeira para fins de ação; e em nenhum outro termo um ser com faculdades humanas pode ter alguma segurança racional de estar certo.

Quando consideramos a história da opinião ou a conduta usual da vida humana, a que se deve atribuir que uma e outra não são piores do que são? Seguramente não à força inerente do entendimento humano, pois, em qualquer assunto que não seja evidente, há noventa e nove pessoas totalmente incapazes de julgá-lo para uma que seja capaz. E a capacidade da centésima pessoa é apenas relativa, pois, em sua maioria, os homens eminentes de todas as gerações do passado tiveram muitas opiniões que agora se sabe são erradas e fizeram ou aprovaram diversas coisas que agora ninguém justifica. Por que, então, há no total uma preponderância de opiniões e conduta racionais entre os homens? Se realmente há essa preponderância — que deve existir, a menos que os assuntos humanos estejam e sempre tenham estado numa situação quase desesperada —, deve-se a uma qualidade da mente humana, a fonte de tudo respeitável no homem como ser intelectual ou como ser moral, a saber, que seus erros são corrigíveis. Ele é capaz de corrigir seus erros pela discussão e a experiência. Não só pela experiência. Deve haver discussão, para mostrar como a experiência deve ser interpretada. As opiniões e as práticas erradas se rendem gradualmente a fatos e a argumentos, mas fatos e argumentos, para produzir qualquer efeito na mente, devem ser trazidos diante dela. Pouquíssimos fatos são capazes de contar sua história sem comentários que revelem seu significado. Então, como toda a força e todo o valor do julgamento humano dependem da propriedade única de poder ser corrigido quando está errado, a confiança só pode ser depositada no julgamento quando os meios de corrigi-lo são mantidos constantemente à mão. No caso de uma pessoa cujo julgamento realmente merece confiança, como isso acontece? Acontece porque ela manteve sua mente aberta a críticas a respeito de suas opiniões e de sua conduta. Porque foi seu hábito ouvir tudo o que poderia ser dito contra si, além de tirar o máximo proveito daquilo que era justo e de expor para si mesma, e em certas ocasiões para os outros, a falácia do que era falacioso. Porque ela sentiu que a única maneira pela qual um ser humano pode adotar alguma abordagem para conhecer a totalidade de um assunto é ouvindo o que pode ser dito a esse respeito por pessoas de todas as opiniões e estudando todos os modos pelos quais o assunto pode ser examinado por cada tipo de mente. Nenhum sábio jamais adquiriu sua sabedoria de outro modo que não esse, nem é da natureza do intelecto humano tornar-se sábio de nenhuma outra maneira. O hábito constante de corrigir e complementar a própria opinião comparando-a com a dos outros, longe de provocar dúvidas e hesitações em levá-la à prática, constitui o único fundamento estável para uma justa confiança nela, pois, estando alguém ciente de tudo que pode ser dito contra ele, ao menos obviamente, e tendo assumido sua posição contra todos os opositores — sabendo ter procurado objeções e dificuldades, em vez de evitá-las, e não ter excluído nenhuma luz que pudesse ser lançada sobre o assunto de qualquer quadrante —, ele tem o direito de pensar que seu julgamento é melhor do que o de qualquer outra pessoa ou multidão que não tenha passado por processo semelhante.

Não é demais exigir que aquilo que os mais sábios entre os homens, os mais habilitados a confiar em seu próprio julgamento, consideram necessário para justificar sua confiança nele deva ser objeto de exame por aquele conjunto variado de poucos sábios e muitos tolos denominado o público. A mais intolerante das igrejas, a Igreja Católica Apostólica Romana, mesmo na canonização de um santo, admite e ouve pacientemente um "advogado do diabo". O mais santo dos homens, ao que parece, não pode ser admitido a honras póstumas sem que se conheça e pese tudo o que o diabo possa dizer contra ele. Se até mesmo a filosofia newtoniana não tivesse permissão de ser questionada, a humanidade não poderia sentir a completa garantia de sua verdade como sente agora. As crenças para as quais temos mais justificativas não repousam em nenhuma salvaguarda, mas num convite permanente para o mundo inteiro prová-las infundadas. Se o desafio não for aceito, ou for aceito e a tentativa falhe, ainda assim estamos bastante longe da certeza. Mas fizemos o melhor que o estado atual da razão humana permite; não desprezamos nada que pudesse dar à verdade uma chance de nos alcançar: se a arena permanece aberta, podemos esperar que, se houver uma verdade melhor, será encontrada quando a mente humana for capaz de recebê-la. Enquanto isso, podemos confiar que nos aproximamos da verdade como é possível em nossos dias. Esse é o grau de certeza alcançável por um ser falível, e essa é a única maneira de alcançá-la.

É estranho que os homens admitam a validade dos argumentos a favor da livre discussão, mas não concordem que sejam "levados ao extremo", não vendo que, se as razões não são boas em um caso extremo, não são boas em nenhum caso. É estranho que imaginem que não estão presumindo infalibilidade, quando reconhecem que deve haver livre discussão sobre todos os assuntos que possam ser questionáveis, mas consideram que algum princípio ou alguma doutrina em particular deveriam ser proibidos de serem questionados porque são muito certos, isto é, porque eles têm certeza de que são certos. Afirmar que uma proposição é certa, enquanto houver alguém que negaria sua certeza se lhe fosse permitido — mas não lhe é permitido —, é presumir que nós mesmos, e aqueles que concordam conosco, somos os juízes da certeza, e juízes sem ouvir o outro lado.

Na época presente — que tem sido descrita como "destituída de fé, mas apavorada com o ceticismo" —, em que as pessoas têm certeza, não de que suas opiniões sejam verdadeiras, mas de que não saberiam o que fazer sem elas, as reivindicações de que uma opinião seja protegida do ataque público se baseiam não tanto em sua verdade, mas em sua importância para a sociedade. Alega-se que existem certas crenças tão úteis, para não dizer indispensáveis, ao bem-estar, que é dever dos governos defender essas crenças tanto quanto proteger quaisquer outros interesses da sociedade. Sustenta-se que, em caso de tal necessidade, e no caso de algo tão diretamente associado ao seu dever, não é necessária a infalibilidade para justificar e até obrigar os governos a agir conforme sua própria opinião, confirmada pela opinião geral da humanidade. Também é frequente o argumento, e ainda mais frequente a ideia, de que somente os homens maus desejariam enfraquecer essas crenças salutares, e que não pode haver nada de errado, pensa-se, em reprimir os homens maus e proibir o que apenas homens como eles desejariam praticar. Esse modo de pensar converte a justificativa de restrições à discussão numa questão não relativa à verdade das doutrinas, mas à sua utilidade, e se favorece disso para fugir da responsabilidade de se pretender um juiz infalível das opiniões.

No entanto, aqueles que assim se satisfazem não percebem que a presunção de infalibilidade é simplesmente deslocada de um ponto para outro. A utilidade de uma opinião é, por si só, uma questão de opinião: tão discutível, tão aberta à discussão e exigindo tanta discussão quanto a própria opinião. A menos que a opinião condenada tenha ampla oportunidade de se defender, existe a necessidade de um juiz de opiniões infalível para decidir se ela é nociva, tanto quanto para decidir se é falsa. E não será suficiente dizer que o herético possa ser permitido a sustentar a utilidade ou a inocuidade de sua opinião, ainda que seja proibido de sustentar a verdade desta. A verdade de uma opinião faz parte de sua utilidade. Se quisermos saber se é desejável acreditar ou não numa proposição, é possível excluir a consideração relativa a se ela é verdadeira ou não? Na opinião, não dos homens maus, mas dos melhores, nenhuma crença que seja contrária à verdade pode ser realmente útil. E você seria capaz de impedir que esses homens insistam nesse pleito quando são acusados de culpabilidade por negar alguma doutrina que lhes dizem ser útil, mas que acreditam ser falsa? Aqueles que estão do lado das opiniões em voga jamais deixam de tirar o máximo proveito desse pleito. Não os encontramos lidando com a questão da utilidade como se ela pudesse ser completamente abstraída da questão da verdade: pelo contrário, sobretudo porque sua doutrina é "a verdade" é que o conhecimento, ou a crença nela, é considerado tão indispensável. Não pode existir nenhuma discussão justa sobre a questão da utilidade quando um argumento tão fundamental pode ser empregado de um lado, mas não do outro. E, de fato, quando a lei ou o sentimento público não permitem que a verdade de uma opinião seja contestada, são tão pouco tolerantes à negação de sua utilidade. O máximo que permitem é uma atenuação de sua necessidade absoluta ou da culpa positiva de rejeitá-la.

A fim de melhor ilustrar a malignidade de negar ouvidos a opiniões que condenamos em nosso julgamento, será desejável focar a discussão em um caso concreto. E escolho, de preferência, os casos que são menos favoráveis a mim — em que os argumentos contra a liberdade de opinião, tanto no âmbito da verdade quanto no da utilidade, são considerados os mais fortes. Suponhamos que as opiniões a se contestar sejam a crença num Deus e numa vida futura, ou qualquer uma das doutrinas morais vigentes de um modo geral. Travar a batalha nesse terreno dá grande vantagem a um antagonista desleal, visto que ele certamente dirá (e muitos que não desejam ser desleais o dirão internamente): "São estas as doutrinas que você não considera suficientemente certas para que as leis as tomem sob a sua proteção? A crença num Deus é uma das opiniões de se ter certeza que você mantém para presumir a infalibilidade?". Deve-me ser lícito observar que não é o sentimento de certeza de uma doutrina (seja qual for) que chamo de presunção de infalibilidade. É o compromisso de decidir essa questão pelos outros, sem permitir que ouçam o que pode ser dito do lado contrário. E, todavia, denuncio e reprovo essa pretensão se proposta do lado de minhas convicções mais solenes. Por mais positiva que a crença de cada um possa ser, não só em relação à falsidade, mas também em relação às consequências perniciosas. Não apenas em relação às consequências perniciosas, mas (adotando expressões que condeno totalmente) em relação à imoralidade e à impiedade de uma opinião. Se, de acordo com esse julgamento privado, embora apoiado pelo julgamento público de seu país ou de seus contemporâneos, ele impedir que a opinião seja ouvida em sua defesa, vai presumir a infalibilidade. E longe da presunção ser menos censurável ou menos perigosa porque a opinião é considerada imoral ou ímpia, esse é, entre todos os casos, o mais fatal. Essas são exatamente as ocasiões em que os homens de uma geração cometem aqueles erros terríveis que despertam o assombro e o horror da posteridade. É entre elas que encontramos os exemplos memoráveis na história, quando o braço da lei foi empregado para erradicar os melhores homens e as doutrinas mais nobres. Com resultado deplorável quanto aos homens, ainda que algumas das doutrinas tenham sobrevivido para ser (como que em zombaria) invocadas em defesa de conduta semelhante em relação aos que discordam delas ou de sua interpretação vigente.

Nunca será demais recordar à humanidade que existiu outrora um homem chamado Sócrates, entre o qual e as autoridades jurídicas, juntamente com a opinião pública da época, ocorreu um conflito memorável. Nascido numa época e num país ricos em grandezas individuais, esse homem nos tem sido apresentado por meio daqueles que melhor conheciam a ele e à sua época como o homem mais virtuoso dela. Enquanto nós o conhecemos como o guia e o protótipo de todos os subsequentes mestres da virtude, igualmente a fonte da sublime inspiração de Platão e do criterioso utilitarismo de Aristóteles, *"Il maestro di color che sanno"* [O mestre daqueles que têm conhecimento]; as duas fontes da ética e de todas as outras filosofias. Esse reconhecido mestre de todos os eminentes pensadores que viveram desde então — cuja fama, ainda crescente depois de mais de dois mil anos, quase supera todos os demais nomes que tornam ilustre sua cidade natal — foi condenado à morte por seus compatriotas após uma condenação judicial por impiedade e imoralidade. Impiedade, por negar os deuses reconhecidos pelo Estado; de fato, seu acusador afirmou (ver a *Apologia de Sócrates*) que ele não acreditava em nenhum deus. Imoralidade por ser, por causa de suas doutrinas e ensinamentos, um "corruptor da juventude". Dessas acusações, acredita-se, que o tribunal considerou-o sinceramente culpado e condenou o homem, que muito provavelmente, entre todos os nascidos até então, teria merecido o melhor da humanidade, a ser executado como criminoso.

Passemos desse para o único outro caso de injustiça judicial cuja menção, após a condenação de Sócrates, não seria um anticlímax: o acontecimento que ocorreu no Calvário há pouco mais de mil e oitocentos anos. O homem que deixou na memória daqueles que testemunharam sua vida e suas palavras uma tal impressão de sua grandeza moral, que os dezoitos séculos subsequentes lhe prestaram homenagem como o Todo-Poderoso em pessoa foi ignominiosamente condenado à morte como o quê? Como blasfemo. Os homens não cometeram um mero erro a respeito de seu benfeitor; equivocaram-se ao tomá-lo como o exato contrário do que ele era, e o trataram como aquele prodígio de impiedade que agora se vê neles pelo tratamento que lhe deram. Os sentimentos com que os homens agora consideram esses lamentáveis acontecimentos, sobretudo o segundo, os tornam extremamente injustos em seu julgamento dos desventurados atores. Aparentemente, esses atores não foram homens maus — não piores do que homens geralmente são, mas sim o contrário. Homens que possuíam em ampla medida, ou mais que em ampla medida, os sentimentos religiosos, morais e patrióticos da sua época e do seu povo: o mesmo tipo de homens que, em todos os tempos, incluindo o nosso, têm todas as probabilidades de passar pela vida inocentes e respeitados. O sumo sacerdote que rasgou suas vestes quando as palavras foram pronunciadas, o que, de acordo com todas as ideias de seu país, constituíam a mais obscura culpa, era com toda probabilidade tão sincero em seu horror e indignação quanto agora são em geral os homens respeitáveis e devotos nos sentimentos religiosos e morais que professam. E a maioria daqueles que agora estremecem com sua conduta, se tivessem vivido na sua época e nascido judeus, teriam agido exatamente como ele. Os cristãos ortodoxos tentados a pensar que aqueles que apedrejaram até a morte os primeiros mártires com certeza foram homens piores do que eles mesmos são agora deveriam lembrar-se de que um dos perseguidores foi São Paulo.

Acrescentemos mais um exemplo, o mais notável de todos, para ilustrar se o caráter impressionante de um erro se mede pela sabedoria e a virtude de quem o cometeu. Se alguma vez um homem, dotado de poder, teve razões para se considerar o melhor e o mais esclarecido entre seus contemporâneos, esse alguém foi o imperador Marco Aurélio. Monarca absoluto de todo o mundo civilizado, ele preservou ao longo da vida não só a justiça mais imaculada, mas o que era menos esperado em relação à sua educação estoica: o coração mais terno. As poucas falhas que lhe são atribuídas foram todas do lado da indulgência, enquanto seus escritos, o bem ético mais elevado da mente da Antiguidade, diferem de modo pouco perceptível, se é que diferem, dos ensinamentos mais característicos de Cristo. Esse homem, melhor cristão, em todos os sentidos, exceto o dogmático, da palavra, do que quase todos os soberanos ostensivamente cristãos que reinaram desde então, perseguiu o cristianismo. Situado no topo de todas as realizações anteriores da humanidade, com um intelecto livre e aberto e um caráter que o levou a incorporar em seus escritos morais o ideal cristão, ainda assim ele não conseguiu ver que o cristianismo seria um bem e não um mal para o mundo, com seus deveres nos quais Marco Aurélio tão profundamente mergulhou. Sabia ele que a sociedade existente estava num estado deplorável. Mas era tal como estava, pela crença nas divindades correntes e a reverência delas, ele percebeu, ou pensou ter percebido, que se mantinha unida e era impedida de ser pior. Como governante da humanidade, Marco Aurélio considerou seu dever não deixar a sociedade se desintegrar; e não viu como, se os laços existentes fossem rompidos, outras pudessem se formar e fossem capazes de unir-se novamente. A nova religião visava claramente à dissolução desses laços; portanto, parecia que seu dever, a menos que fosse adotá-la, seria suprimi-la. Então, visto que a teologia do cristianismo não lhe parecia verdadeira ou de origem divina; visto que aquela estranha história de um Deus crucificado não lhe era confiável; e visto que ele não poderia ter previsto que um sistema que pretendia se basear inteiramente sobre um fundamento tão inverossímil a seu ver seria aquele agente de renovação que, depois de todos os golpes, de fato demonstrou ser, o mais gentil e o mais amável dos filósofos e governantes, sob um solene senso de dever, autorizou a perseguição do cristianismo.

Em minha opinião, esse é um dos fatos mais trágicos de toda a história. É lamentável pensar como o cristianismo do mundo poderia ser diferente se a fé cristã tivesse sido adotada como a religião do império sob os auspícios de Marco Aurélio e não de Constantino. Porém, seria injusto em relação a ele e também falso à verdade negar que, ao punir, como puniu, a propagação do cristianismo, faltassem a Marco Aurélio as desculpas que podem ser preconizadas para punir doutrinas anticristãs. Nenhum cristão acredita mais firmemente que o ateísmo seja falso — e que tenda à dissolução da sociedade — do que Marco Aurélio acreditava que o cristianismo era falso e tendia à dissolução da sociedade; ele que, entre todos os homens que viviam na época, poderia ter sido considerado o mais capaz de estimá-lo. A menos que alguém que aprove a punição pela expressão de opiniões se lisonjeie e se considere homem mais sábio e melhor do que Marco Aurélio — mais profundamente versado no saber de sua época, de intelecto mais elevado do que o de seu tempo —, mais sério em sua busca pela verdade, ou mais obstinado em sua devoção a ela quando encontrada, abstenha-se dessa presunção de infalibilidade conjunta de si mesmo e da multidão que o grande Antonino assumiu com resultado tão infeliz.

Cientes da impossibilidade de defender o uso da punição para reprimir opiniões irreligiosas com qualquer argumento que não justifique Marco Antonino, os inimigos da liberdade religiosa, quando pressionados, aceitam ocasionalmente essa consequência e dizem, como o dr. Johnson, que os perseguidores do cristianismo estavam no seu direito; que a perseguição é uma provação pela qual a verdade deve passar, e sempre passa com sucesso, sendo as penas legais, no fim das contas, impotentes contra a verdade, embora às vezes beneficamente eficazes contra erros perniciosos. Essa é uma forma de argumentar a favor da intolerância religiosa suficientemente notável para não passar sem chamar atenção.

Uma teoria que sustente que a verdade pode ser merecidamente perseguida, pois a perseguição não lhe poderá causar nenhum dano, não pode ser acusada de ser intencionalmente hostil à acolhida de novas verdades; mas não podemos glorificar a generosidade de sua conduta com as pessoas a quem a humanidade deve essas verdades. Revelar ao mundo algo do seu profundo interesse e que antes ignorava, provar-lhe que estava enganado em algum ponto fundamental de interesse temporal ou espiritual é o serviço mais importante que um ser humano pode prestar aos seus semelhantes. E, em certos casos, como no dos primeiros cristãos e dos reformadores, aqueles que pensam como o dr. Johnson acreditam que foi a dádiva mais preciosa que pôde ser concedida à humanidade. Que os autores de benefícios tão esplêndidos sejam retribuídos com o martírio, que sua recompensa seja a de serem tratados como os criminosos mais vis não é, segundo essa teoria, um erro deplorável e um infortúnio, pelos quais a humanidade deveria se cobrir de luto, mas sim o estado de coisas normal e justificável. De acordo com essa doutrina, o proponente de uma nova verdade deveria permanecer como permanecia, na legislação dos lócrios, o proponente de uma nova lei, com uma corda no pescoço, a ser imediatamente puxada se a assembleia pública, ao ouvir suas razões, não aceitasse sua proposição naquele momento e naquele local. Aqueles que defendem esse modo de tratar os benfeitores não devem atribuir muito valor ao benefício; e acredito que essa visão em relação ao assunto se limite predominantemente àquele tipo de pessoa que considera que as novas verdades uma vez podem ter sido desejáveis, mas que agora já estamos fartos dela.

Contudo, na realidade, o dito de que a verdade sempre triunfa sobre a perseguição é uma dessas falsidades agradáveis que os homens repetem uma após a outra até que se tornem lugares-comuns, mas que toda experiência refuta. A história está repleta de verdades contidas pela perseguição. Se não foram suprimidas para sempre, podem ter sido rejeitadas por séculos. Para falar somente de opiniões religiosas: a Reforma irrompeu pelo menos vinte vezes antes de Lutero e foi contida. Arnoldo de Brescia foi contido. Frei Dolcino foi contido. Savonarola foi contido. Os albigenses foram contidos. Os valdenses foram contidos. Os lollardos foram contidos. Os hussitas foram contidos. Mesmo após a época de Lutero, a perseguição, onde persistiu, foi bem-sucedida. Na Espanha, na

Itália, em Flandres, no Império Austríaco, o protestantismo foi erradicado, e provavelmente também teria sido na Inglaterra se a rainha Mary Stuart tivesse sobrevivido ou se a rainha Elizabeth I (Elizabeth Tudor) tivesse morrido. A perseguição sempre teve êxito, exceto onde os heréticos constituíam um grupo forte para ser perseguido efetivamente. Nenhuma pessoa razoável pode duvidar que o cristianismo poderia ter sido extirpado do Império Romano. Espalhou-se e se tornou predominante porque as perseguições foram apenas ocasionais, de curta duração, e separadas por longos períodos de propaganda quase imperturbada. É sentimentalismo vão acreditar que a verdade, simplesmente como verdade, tenha algum poder inerente, negado ao erro, de prevalecer contra a masmorra e o pelourinho. O zelo dos homens pela verdade não é maior do que seu frequente zelo pelo erro, e uma aplicação suficiente das penalidades legais ou até mesmo sociais geralmente conseguirá impedir a propagação de um e outro. A vantagem real da verdade consiste em que uma opinião verdadeira pode ser reprimida uma, duas, muitas vezes; mas, ao longo dos tempos, geralmente surgem pessoas que voltarão a descobri-la. Até que alguma de suas reaparições aconteça numa época em que, por circunstâncias favoráveis, passe despercebida da perseguição até alcançar um progresso capaz de resistir a todas as tentativas subsequentes de suprimi-la.

Dirão que agora não executamos os introdutores de novas opiniões: não somos como nossos antepassados, que matavam os profetas; até construímos sepulcros para eles. É verdade que não condenamos mais os heréticos à morte, e o grau de punição penal que o sentimento moderno provavelmente toleraria, mesmo contra as opiniões mais ofensivas, não é suficiente para extirpá-las. No entanto, não celebremos o fato de que já estamos livres da mácula da perseguição jurídica. As penalidades por opinião, ou, pelo menos, por sua expressão, ainda existem em lei e, mesmo nestes tempos, sua aplicação não é tão sem precedentes que torne inconcebível que possam ser revividas algum dia com força total. No ano de 1857, nas sessões de tribunal de verão da Cornualha, um homem desventurado,[2] dito ser de conduta irrepreensível em todas as relações da vida, foi sentenciado a vinte e um meses de prisão, por proferir e escrever em um portão algumas palavras ofensivas sobre o cristianismo. Depois de um mês desse fato, no tribunal de Old Bailey, duas pessoas, em duas ocasiões distintas,[3] foram rejeitadas como juradas — e uma delas foi rudemente insultada pelo juiz e por um dos advogados — porque declararam honestamente não terem nenhuma crença teológica; e a uma terceira, um estrangeiro,[4] pela mesma razão, foi-lhe negada justiça contra um ladrão.

Essa recusa de reparação ocorreu em virtude da doutrina legal de que ninguém que não professe a crença num Deus (qualquer deus é suficiente) e numa condição futura pode prestar testemunho num tribunal de justiça. Isso equivale a declará-los como foras da lei, excluídos da proteção dos tribunais, que, não só podem ser roubados ou atacados impunemente se somente eles — ou quem compartilha das opiniões deles — estiverem presentes, como também qualquer outra pessoa pode ser roubada ou atacada impunemente se a prova do fato depender apenas de seu testemunho. Essa suposição se baseia no fato de que o juramento de uma pessoa que não acredita numa condição futura é sem valor; uma proposição que indica muita ignorância da história por parte daqueles que concordam com isso (visto ser historicamente verdade que uma grande proporção de infiéis de todas as épocas é formada por pessoas de integridade e honra notáveis); e não seria sustentada por ninguém que tivesse a mínima ideia de quantas pessoas de máxima reputação no mundo, tanto por virtudes quanto por realizações, são conhecidas como incrédulas, pelo menos entre seus íntimos. A regra, além disso, é suicida e destrói seus próprios alicerces. Sob o pretexto de que os ateus são necessariamente mentirosos, admite o testemunho de todos os ateus dispostos a mentir, e rejeita apenas aqueles que enfrentam a desonra de confessar publicamente um credo detestado em vez de asseverar uma falsidade. Uma regra que assim condena a si mesma, absurda em consideração ao seu propósito declarado, só pode se manter em vigor como uma divisa de ódio, relíquia de perseguição; perseguição que também apresenta a particularidade de que a qualificação para sofrê-la é estar claramente comprovado não a merecer. A regra, e a teoria contida nela, são quase tão insultantes para os crentes quanto para os infiéis, pois se mente, necessariamente, aquele que não acredita em condição futura, conclui-se que aqueles que acreditam só são impedidos de mentir, se é que são impedidos, pelo medo do inferno. Contra os autores e os instigadores da regra, não cometeremos a injustiça de supor que a concepção que formaram da virtude cristã foi extraída de suas próprias consciências.

Estes, de fato, são apenas resquícios de perseguição e podem ser considerados não tanto como sinais do desejo de perseguir, mas como um exemplo daquela enfermidade muito frequente nas mentes dos ingleses, que faz com que sintam um prazer absurdo na asserção de um mau princípio quando já não são maus o suficiente para desejar realmente colocá-lo em prática. Mas, infelizmente, não há nenhuma garantia, no estado de espírito público, de que a suspensão de formas piores de perseguição jurídica, que se manteve pelo período de uma geração, continuará. Na época atual, a superfície tranquila da rotina é muitas vezes agitada pelas tentativas de ressuscitar males do passado, como também de introduzir novos benefícios. Hoje, o que se alardeia como o reavivamento da religião sempre é, nas mentes estreitas e incultas, no mínimo o renascimento do fanatismo; e onde existe um forte e frequente fermento de intolerância nos sentimentos de um povo, que sempre sobrevive nas classes médias de nosso país, precisa muito pouco para instigá-las a perseguir ativamente aqueles que elas nunca deixaram de considerar como objetos apropriados de perseguição.[5] Pois é isto — as opiniões que os homens consideram e os sentimentos que cultivam com respeito àqueles que rejeitam as crenças que julgam importantes — que torna nosso país um lugar sem liberdade mental.

Desde há muito tempo, o principal prejuízo das penalidades legais é que elas fortalecem o estigma social. Esse estigma é realmente eficaz, e tão eficaz que professar opiniões que estão sob a proibição da sociedade é muito menos comum na Inglaterra do que professá-las em muitos outros países com risco de punição judicial. Em relação a todas as pessoas, exceto aquelas cujas condições financeiras as tornam independentes da boa vontade alheia, a opinião é, nesse aspecto, tão eficaz quanto a lei; os homens podem tanto ser presos como também excluídos dos meios de ganhar o pão. Aqueles cujo pão já está assegurado, e que não desejam favores dos homens no poder, nem de grupos sociais ou do público, nada têm a temer em relação à manifestação franca de opiniões, exceto que pensem e falem mal deles, o que não exige uma natureza muito heroica para se suportar. Não há espaço para nenhum apelo *ad misericordiam* em favor dessas pessoas. Contudo, ainda que não inflijamos tanto mal àqueles que pensam de maneira diferente de nós como antes costumávamos fazer, talvez façamos tanto mal a nós mesmos quanto fazíamos com o tratamento que dispensávamos a eles. Sócrates foi condenado à morte, mas a filosofia socrática se ergueu como o sol no céu e espalhou sua luz sobre todo o firmamento intelectual. Os cristãos foram lançados aos leões, mas a Igreja cristã cresceu e virou uma árvore frondosa e majestosa, elevando-se sobre as árvores mais antigas e menos vigorosas e sufocando-as com sua sombra. Nossa intolerância meramente social não mata ninguém, não erradica opiniões, mas induz os homens a disfarçá-las ou a se absterem de qualquer empenho ativo para sua difusão. Entre nós, as opiniões heréticas não ganham e nem perdem terreno perceptível em cada década ou geração; nunca irrompem amplamente, mas continuam latentes nos círculos estreitos de pensadores e estudiosos, entre os quais se originam, sem jamais iluminar os assuntos gerais da humanidade com alguma luz, verdadeira ou enganosa.

E assim se mantém uma situação muito satisfatória para algumas mentes, porque, sem o desagradável processo de multar ou prender alguém, preservam-se todas as opiniões predominantes sem nenhuma perturbação exterior, e simultaneamente não interdita o exercício da razão pelos dissidentes afligidos pela doença do pensar. Um plano conveniente em prol da paz no mundo intelectual e pela manutenção de todas as coisas tal como já estão. Porém, o preço pago por esse tipo de pacificação intelectual é o sacrifício de toda a coragem moral da mente humana. Um estado de coisas em que grande parte dos intelectos mais ativos e curiosos considera prudente guardar para si os princípios e fundamentos gerais de suas convicções, e, no que é endereçado ao público, tenta ajustar suas conclusões o máximo possível às premissas a que renunciou intimamente, não pode produzir os caracteres francos e destemidos e os intelectos lógicos e consistentes que antigamente adornaram o mundo pensante. Os homens ligados a esse estado de coisas se conformam meramente com o lugar-comum ou são oportunistas em relação à verdade, cujos argumentos sobre todos os grandes assuntos destinam-se aos seus ouvintes, e não são aqueles que se convenceram. Aqueles que evitam essa alternativa fazem isso limitando seus pensamentos e interesses a coisas sobre que se pode falar sem se aventurar na região dos princípios, isto é, limitando-se a pequenas questões de natureza prática, que viriam a se acertar por si mesmas, se as mentes dos homens se fortalecessem e se ampliassem, mas que, até lá, jamais serão solucionadas de maneira eficaz. Enquanto isso, a especulação livre e ousada a respeito dos assuntos mais elevados, o que fortaleceria e ampliaria as mentes humanas, é abandonada.

Antes de tudo, aqueles que não enxergam nenhum mal nessa reticência por parte dos heréticos devem considerar que, em consequência disso, nunca há qualquer discussão honesta e minuciosa das opiniões heréticas; e que aquelas que não são capazes de resistir a tal discussão não desaparecem, ainda que possam ser impedidas de se disseminar. Contudo, não são as mentes dos heréticos que mais se deterioram pela proibição imposta sobre qualquer inquirição que não acabe em conclusões ortodoxas. O maior dano causado é contra aqueles que não são heréticos, e cujo desenvolvimento mental completo é restringido, e cuja razão é intimidada, pelo medo da heresia. Quem pode calcular o que o mundo perde com a profusão de intelectos promissores combinados com caracteres tímidos, que não ousam seguir qualquer linha de pensamento arrojada, vigorosa e independente, temendo chegarem a algo que pudesse ser considerado irreligioso ou imoral? Entre eles, de vez em quando podemos ver algum homem de profunda conscienciosidade e entendimento sutil e refinado, que passa a vida sofismando com intelecto que não consegue silenciar, e esgota os recursos da inventividade na tentativa de reconciliar as sugestões de sua consciência e de sua razão com a ortodoxia, o que, no fim, talvez não seja capaz de conseguir.

Ninguém pode ser um grande pensador se não reconhece que, como pensador, seu primeiro dever é seguir seu intelecto em quaisquer conclusões a que ele possa levar. A verdade ganha ainda mais pelos erros de quem, com o devido estudo e preparo, pensa por si mesmo, do que pelas opiniões verdadeiras daqueles que só as têm porque não se dão ao trabalho de pensar. Não que a liberdade de pensamento seja necessária unicamente, ou principalmente, para formar grandes pensadores. Pelo contrário, é tão ou ainda mais indispensável para permitir que os seres humanos comuns alcancem a estatura mental de que são capazes. Existiram, e podem voltar a existir, grandes pensadores individuais numa atmosfera geral de escravidão mental. No entanto, nessa atmosfera, nunca existiu, nem jamais existirá, um povo intelectualmente ativo. Onde um povo se aproximou temporariamente desse caráter, foi porque o temor à especulação heterodoxa foi suspenso por algum tempo. Onde há uma convenção tácita de que os princípios não devem ser contestados, onde a discussão das maiores questões que podem ocupar a humanidade é considerada encerrada, não podemos esperar encontrar aquela escala geralmente alta de atividade mental que tornou alguns períodos da história tão notáveis. Sempre que a controvérsia evitou assuntos suficientemente amplos e importantes para despertar o entusiasmo, o espírito popular jamais se agitou a partir de suas bases e jamais teve o impulso capaz de elevar mesmo pessoas dotadas do intelecto mais comum a algo da dignidade de seres pensantes. Tivemos um exemplo disso na condição da Europa logo após a Reforma; outro exemplo, ainda que limitado ao Continente e a uma classe mais culta, tivemo-lo no movimento especulativo da segunda metade do século XVIII; e um terceiro, de duração ainda mais breve, na fermentação intelectual da Alemanha no período de Goethe e Fichte. Esses períodos se diferenciaram muito nas opiniões específicas que eles desenvolveram, mas se assemelharam no sentido de que, nos três, o jugo da autoridade foi rompido. Em cada um, um velho despotismo mental fora descartado, e nenhum novo ainda tomara seu lugar. O impulso dado nesses três períodos fez da Europa o que ela é agora. Todo e qualquer aprimoramento que ocorreu na mente humana ou nas instituições pode ser rastreado nitidamente a um ou outro deles. Há algum tempo, as aparências indicam que os três impulsos estão perto do esgotamento, e não podemos esperar nenhum recomeço em novas bases até voltarmos a reafirmar nossa liberdade mental.

Passemos agora para a segunda parte da discussão e, descartando a suposição de que qualquer uma das opiniões correntes possa ser falsa, presumamos que são verdadeiras e examinemos o mérito da maneira pela qual tendem a ser mantidas quando a verdade não é investigada de modo livre e aberto. Por menos que uma pessoa de opinião forte admita a possibilidade de que sua opinião possa ser falsa, ela deve se mover pela consideração de que, por mais verdadeira que seja, se não for discutida plena, frequente e destemidamente, será mantida como um dogma morto e não como uma verdade viva.

Há uma classe de pessoas (felizmente não tão numerosa como já foi) que acham suficiente alguém concordar incontestavelmente com o que consideram verdadeiro, ainda que esse alguém não tenha qualquer conhecimento dos fundamentos da opinião e não consiga fazer uma defesa convincente dela em relação às objeções mais superficiais. Essas pessoas, se alguma vez obtêm o ensinamento de seu credo de alguma autoridade, naturalmente consideram que algum mal e nenhum bem provêm a partir do fato de se permitir que ele seja questionado. Quando a influência dessas pessoas prevalece, torna-se quase impossível que a opinião corrente seja rejeitada de modo sensato e refletido, ainda que possa ser rejeitada de modo impulsivo e ignorante; pois encerrar a discussão inteiramente quase nunca é possível, e quando ela se interpõe, as crenças sem base na convicção são propensas a não resistir em face da mais leve aparência de um argumento. Porém, abrindo mão dessa possibilidade — presumindo que a opinião verdadeira habita a mente, mas como preconceito, como crença independente do argumento, e à prova de argumento —, essa não é a maneira pela qual a verdade deve ser sustentada por um ser racional. Isso não é conhecer a verdade. A verdade assim sustentada é apenas uma superstição a mais, acidentalmente agarrada às palavras que enunciam uma verdade.

Se o intelecto e o julgamento da humanidade devem ser cultivados, algo que os protestantes pelo menos não negam, sobre o que essas faculdades podem ser mais apropriadamente exercidas do que sobre coisas que preocupam tanto as pessoas que se considera necessário que tenha opiniões? Se o cultivo do entendimento consiste mais numa coisa do que noutra, certamente é no aprendizado dos fundamentos das próprias opiniões. Independentemente daquilo em que as pessoas acreditam, sobre assuntos sobre os quais é de suma importância acreditar corretamente, elas devem ser capazes de defender isso ao menos contra as objeções vulgares. Mas alguém pode dizer: "Que se ensinem os fundamentos de suas opiniões. Não se infere que opiniões devam ser meramente papagueadas porque nunca receberam contestação. As pessoas que aprendem geometria não apenas confiam os teoremas aos cuidados da memória, mas também entendem e aprendem as demonstrações; e seria absurdo dizer que permanecem ignorantes dos fundamentos das verdades geométricas porque nunca ouviram ninguém as negar e tentar refutá-las". Sem dúvida — e tal ensinamento basta num assunto como a matemática, onde não há nada a ser dito sobre o lado errado da questão. A peculiaridade da evidência das verdades matemáticas é que toda a argumentação está num único lado. Não há objeções nem respostas a objeções. No entanto, em todos os assuntos em que a diferença de opinião é possível, a verdade depende de um equilíbrio a ser alcançado entre dois conjuntos de razões conflitantes. Mesmo na filosofia natural, há sempre alguma outra explicação possível dos mesmos fatos; alguma teoria geocêntrica em vez de heliocêntrica; algum flogístico em vez de oxigênio; e precisa ser demonstrado por que essa outra teoria não pode ser a verdadeira; e até que isso seja demonstrado, e até que saibamos como se demonstra, não entendemos os fundamentos de nossa opinião.

Contudo, quando nos voltamos para assuntos infinitamente mais complicados, como moral, religião, política, relações sociais e atividades da vida, três quartos dos argumentos para cada opinião polêmica consistem em contestar as aparências que favorecem alguma opinião diferente. O segundo maior orador da Antiguidade deixou registrado que sempre estudava o caso de seu adversário com a mesma intensidade, se não ainda maior, com que estudava o seu próprio. O que Cícero praticava como meio de sucesso jurídico deve ser imitado por todos os que estudam qualquer assunto para chegar à verdade. Aquele que conhece apenas o seu próprio lado do caso pouco conhece dele. Suas razões podem ser boas e pode ser que ninguém seja capaz de refutá-las. Porém, se ele for igualmente incapaz de refutar as razões do lado contrário, se não se esforçar para conhecê-las, não terá nenhuma base para preferir uma ou outra opinião. Para ele, a posição racional seria a suspensão do juízo, e a menos que se contente com isso, ele é guiado pela autoridade ou adota, como a maior parte das pessoas, o lado pelo qual sente maior inclinação. Tampouco é suficiente que ele ouça de seus mestres os argumentos dos adversários, apresentados como eles os expressam, e acompanhados pelo que oferecem como refutações. Não é assim que se faz justiça aos argumentos, nem dessa forma que se os traz ao contato real com a mente. Ele deve ser capaz de ouvi-los de pessoas que realmente acreditam neles, que os defendem a sério, e que fazem o melhor possível por eles. Ele deve conhecê-los da forma mais plausível e persuasiva; deve sentir toda a força da dificuldade que a verdadeira visão do assunto precisa confrontar e descartar; de outra forma, ele nunca controlará realmente a parte da verdade que enfrenta e remove essa dificuldade.

Noventa e nove por cento dos chamados homens cultos se acham nessa condição, mesmo aqueles capazes de argumentar com fluência em favor de suas opiniões. A conclusão deles pode ser verdadeira, mas poderia ser falsa por algo que sabem: nunca se colocaram na posição mental daqueles que pensam de maneira diferente, nem levaram em consideração o que essas pessoas podem ter a dizer; portanto, não conhecem, em nenhum sentido do termo, a doutrina que eles mesmos professam. Não conhecem aquelas partes que explicam e justificam as restantes; nem as considerações que mostram que dois fatos aparentemente conflitantes podem ser reconciliáveis, ou que, entre duas razões aparentemente fortes, uma e não a outra deve ser preferida. Toda aquela parte da verdade que resolve a questão e que decide o julgamento de uma mente totalmente informada é estranha para eles; nem é realmente conhecida, exceto por aqueles que prestaram atenção de modo igual e imparcial a ambos os lados, e se empenharam em ver as razões de ambos à luz mais forte. Essa disciplina é tão essencial para um entendimento real dos assuntos morais e humanos que, se não existirem oponentes de todas as verdades importantes, é indispensável imaginá-los e lhes fornecer os argumentos mais sólidos que o mais hábil advogado do diabo consiga evocar.

Para minorar a força dessas considerações, pode-se supor que um inimigo da livre discussão diga que a humanidade em geral não tem necessidade de conhecer e entender tudo aquilo que pode ser dito contra ou a favor de suas opiniões por filósofos e teólogos. Que não é necessário que homens comuns sejam capazes de expor todas as declarações errôneas ou falácias de um oponente engenhoso. Que é suficiente se sempre existir alguém capaz de responder a elas, de modo que nada propenso a induzir pessoas não instruídas ao erro permaneça sem refutação. Que as mentes simples, tendo aprendido os fundamentos óbvios das verdades inculcadas nelas, podem confiar o restante à autoridade, e tendo consciência de que não têm conhecimento nem talento para solucionar todas as dificuldades que possam surgir, podem repousar na garantia de que todas as que surgirem foram ou podem ser respondidas por aqueles que são especialmente capacitados para a tarefa.

Mesmo concedendo a essa visão do assunto o máximo que possa ser exigido por aqueles mais facilmente satisfeitos com o grau de entendimento da verdade que deve acompanhar a crença nela, ainda assim o argumento em favor da livre discussão não se enfraquece de nenhuma maneira. Pois mesmo essa doutrina reconhece que a humanidade deve ter uma garantia racional de que todas as objeções foram respondidas de forma satisfatória; e como devem ser respondidas se aquilo que requer ser respondido não for dito? Ou como se pode saber se a resposta é satisfatória, se os opositores não têm a oportunidade de mostrar que ela é insatisfatória? Se não o público, pelo menos os filósofos e os teólogos, a quem se atribui a função de solucionar as dificuldades, devem se familiarizar com essas dificuldades em suas formas mais enigmáticas, e isso só pode ser realizado quando livremente expressas e colocadas sob a luz mais vantajosa possível. A Igreja católica tem seu próprio jeito de lidar com esse problema embaraçoso. Ela faz uma ampla separação entre aqueles que podem receber suas doutrinas a partir da convicção e aqueles que devem aceitá-las a partir da confiança. Nenhum dos dois pode, de fato, escolher o que vai aceitar; mas os clérigos, ao menos em relação àqueles que se pode confiar plenamente, podem se familiarizar de modo admissível e meritório com os argumentos dos oponentes, a fim de respondê-los, e, portanto, podem ler livros heréticos, enquanto os leigos não, a menos que tenham permissão especial, difícil de ser obtida. Essa disciplina reconhece que o conhecimento do caso do adversário é benéfico aos mestres, mas encontra meios, em consonância com isso, de negá-lo ao resto do mundo, dando assim à elite mais cultura mental, embora não mais liberdade mental, do que concede à massa. Com base nesse recurso, consegue obter o tipo de superioridade mental que seus propósitos exigem; pois, embora a cultura sem liberdade nunca tenha criado uma mente ampla e liberal, pode produzir uma inteligente defesa *nisi prius* de uma causa. Mas, em países que professam o protestantismo, esse recurso é negado, já que os protestantes sustentam, pelo menos em teoria, que a responsabilidade pela escolha de uma religião cabe a cada um e não pode ser jogada aos mestres. Além disso, no atual estado do mundo, é praticamente impossível evitar que os textos lidos pelas pessoas instruídas não venham a ser conhecidos pelas pessoas sem instrução. Se os mestres da humanidade devem ter conhecimento de tudo o que devem saber, a escrita e a publicação de tudo deve ser livre e sem restrições.

Se, no entanto, o processo pernicioso da ausência do livre debate, quando as opiniões em voga são verdadeiras, se restringisse a deixar os homens ignorantes dos fundamentos dessas opiniões, poder-se-ia pensar que, se isso é um mal intelectual, não é um mal moral, e não afeta o valor das opiniões quanto à sua influência sobre o caráter. O fato, porém, é que, na ausência de debate, não apenas os fundamentos da opinião são esquecidos, mas também muitas vezes o significado da própria opinião. As palavras que a transmitem deixam de sugerir ideias, ou sugerem somente uma pequena parte daquelas que foram originalmente empregadas para se comunicar. Em vez de uma concepção vívida e de uma crença viva, sobram apenas algumas expressões conservadas maquinalmente; ou, se sobra algo do significado, somente sua casca é retida, perdendo-se a essência mais pura. Não se pode estudar, de maneira muito séria, nem meditar sobre o grande capítulo da história humana que esse fato ocupa e preenche.

Isso se ilustra na experiência de quase todas as doutrinas éticas e credos religiosos. Elas são cheias de significado e vitalidade para aqueles que as originam e para os discípulos diretos dos criadores. Seu significado continua a ser sentido sem a redução de sua força, e talvez seja apresentado com uma consciência ainda mais plena, enquanto perdura a luta para dar à doutrina ou ao credo uma ascendência sobre os outros. Por fim, ou prevalece e se torna a opinião geral, ou seu progresso estanca; mantém a posse do terreno que conquistou, mas deixa de se disseminar. Quando um desses dois resultados se torna aparente, a controvérsia sobre o assunto enfraquece e aos poucos desaparece. A doutrina ocupou seu lugar, se não como uma opinião corrente, então como uma das seitas ou divisões de opiniões admitidas: em geral, aqueles que a têm a herdaram, e não a adotaram; e a conversão de uma dessas doutrinas para outra, sendo agora um fato excepcional, ocupa pouco espaço nos pensamentos dos que a professam. Em vez de estarem, como inicialmente, em alerta constante para se defender contra o mundo ou para trazer o mundo até eles, aquietaram-se em aquiescência, e, conseguindo evitar, não ouvem os argumentos contra seu credo, nem perturbam os dissidentes (se existirem) com argumentos em seu favor. Frequentemente, a partir desse momento pode se datar o declínio do poder vivo da doutrina.

Frequentemente ouvimos os mestres de todos os credos lamentando a dificuldade de manter nas mentes dos crentes uma apreensão vívida da verdade que aceitam nominalmente, de modo que ela possa penetrar nos sentimentos e adquirir um domínio real sobre a conduta. Não se reclama dessa dificuldade enquanto o credo ainda está lutando por sua existência: mesmo os combatentes mais fracos sabem e sentem aquilo pelo que estão lutando, e a diferença entre ela e as outras doutrinas; e nesse período da existência de todos os credos, podem ser encontradas não poucas pessoas que compreenderam seus princípios fundamentais em todas as formas de pensamento, avaliaram-nos e os levaram em consideração em todos os seus aspectos importantes, e experimentaram o pleno efeito no caráter que a convicção nesse credo deve produzir numa mente profundamente imbuída dele. Porém, quando se trata de um credo hereditário, recebido passivamente, e não ativamente — quando a mente não é mais compelida, no mesmo grau em que era inicialmente, a exercer seus poderes vitais nas questões apresentadas por sua crença, há uma propensão progressiva a esquecer tudo da crença, exceto as fórmulas, ou a lhe dar uma aquiescência embotada e entorpecida, como se a aceitação em confiança prescindisse da necessidade de compreendê-la na consciência ou testá-la na experiência pessoal, até que quase deixa de se conectar com a vida interior do ser humano. Então, são vistos os casos, bastante frequentes nessa época do mundo que quase constituem a maioria, em que a crença permanece como que externa à mente, incrustando-a e petrificando-a contra todas as outras influências endereçadas às partes mais elevadas de nossa natureza; manifestando seu poder por não tolerar a entrada de qualquer convicção nova e viva, mas sem fazer nada pela mente ou pelo coração, exceto ficar de sentinela em relação a eles para mantê-los vazios.

Até que ponto as doutrinas intrinsecamente ajustadas para causar a mais profunda impressão na mente podem permanecer nela como crenças mortas, sem nunca serem percebidas na imaginação, nos sentimentos ou no entendimento, é exemplificado pela maneira como a maioria dos fiéis conserva as doutrinas do cristianismo. Por cristianismo, quero dizer aqui o que é considerado como tal por todas as igrejas e seitas: as máximas e os preceitos contidos no Novo Testamento, que são considerados sagrados e aceitos como leis por todos os cristãos professos. No entanto, quase não é exagero afirmar que nem um único cristão em cada mil orienta ou põe à prova sua conduta individual tomando essas leis como referência. O padrão ao qual ele recorre é o costume de sua nação, de sua classe ou de sua fé religiosa. Dessa forma, por um lado, ele dispõe de um conjunto de máximas éticas, que acredita terem sido concedidas a ele pela sabedoria infalível como regras para se governar; e, por outro lado, um conjunto de juízos e práticas cotidianas, que coincidem até certo ponto com algumas dessas máximas, não tanto com outras, que contrariam diretamente ainda outras, e são, de modo geral, um meio-termo entre o credo cristão e os interesses e as sugestões da vida mundana. Em relação ao primeiro desses padrões, ele rende homenagens; para o outro, presta sua lealdade verdadeira.

Todos os cristãos acreditam que os abençoados são os pobres, os humildes e os explorados pelo mundo; que é mais fácil um camelo passar pelo buraco de uma agulha do que um rico entrar no reino dos céus; que não devem julgar para não serem julgados; que não devem jurar de jeito nenhum; que devem amar ao próximo como a si; que, se alguém lhes tirar o manto, também lhe devem dar o casaco; que não devem pensar no amanhã; que, se fossem perfeitos, deveriam vender tudo que têm e dar aos pobres. Não são falsos quando dizem que acreditam nessas coisas. Acreditam nelas, pois as pessoas acreditam no que sempre ouviram louvar e nunca debateram. Contudo, no sentido daquela crença viva que regula a conduta, acreditam nessas doutrinas apenas até o ponto em que é usual a influência delas sobre eles. Em sua integridade, as doutrinas são úteis para atacar os adversários; e se concebe que devem ser impulsionadas (quando possível) como as razões para o que quer que as pessoas façam que acham louvável. Porém, qualquer um que os lembrasse de que as máximas exigem uma infinidade de coisas que eles nunca sequer pensariam em fazer, não ganharia nada além de ser classificado entre aqueles indivíduos bastante impopulares que assumem ser melhores do que as outras pessoas. As doutrinas não têm domínio sobre os fiéis comuns; não têm poder em suas mentes. Eles apresentam um respeito habitual pelo som delas, mas nenhum sentimento que se estenda das palavras para as coisas significadas, e force a mente a recebê-las e fazê-las obedecer às fórmulas. Sempre que se trata de conduta, olham em volta em busca do sr. A e do sr. B para orientá-los até onde ir para obedecer a Cristo.

No entanto, podemos estar bem seguros de que o caso não foi assim em relação aos primeiros cristãos, muito pelo contrário. Se tivesse sido assim, o cristianismo nunca teria se expandido, passando de uma seita obscura de hebreus desprezados para a religião do Império Romano. Quando seus inimigos diziam: "Veja como esses cristãos se amam uns aos outros" (comentário que dificilmente alguém faria hoje em dia), sem dúvida tinham um sentimento muito mais vívido do significado de seu credo do que jamais tiveram desde então. E talvez seja por esse motivo, principalmente, que o cristianismo agora faz tão pouco progresso em estender seu domínio e, depois de dezoito séculos, ainda está quase limitado aos europeus e aos descendentes de europeus. Mesmo em relação às pessoas estritamente religiosas, que levam muito a sério suas doutrinas, e atribuem a muitas delas um significado muito maior do que as pessoas em geral, é comum acontecer que a parte comparativamente ativa em suas mentes é aquela que foi elaborada por Calvino, por Knox ou por alguém de caráter muito mais próximo ao delas. As palavras de Cristo coexistem passivamente em suas mentes, quase não produzindo nenhum efeito além do que é causado pela mera audição de palavras tão afáveis e brandas. Sem dúvida, há diversas razões pelas quais as doutrinas que constituem o elemento característico de uma seita retenham mais de sua vitalidade do que aquelas comuns a todas as seitas reconhecidas, e pelas quais os mestres se esforcem mais para manter seu significado vivo; mas uma razão certamente é que as doutrinas peculiares são mais questionadas e têm que ser defendidas com mais frequência contra seus opositores públicos. Os mestres e os discípulos vão dormir em seus postos assim que não existirem mais inimigos em campo.

De modo geral, isso também vale para todas as doutrinas tradicionais: tanto as de prudência e conhecimento da vida, como as morais ou religiosas. Todas as línguas e literaturas estão repletas de observações gerais sobre a vida, tanto quanto ao que ela é, como em relação a como se conduzir nela; observações que todos conhecem, que todos repetem ou ouvem com aquiescência, que são recebidas como truísmos, ainda que a maioria das pessoas primeiro aprenda verdadeiramente o significado quando a experiência, geralmente de tipo doloroso, vira realidade para elas. Quantas vezes, ao sofrer alguma desgraça ou decepção inesperada, uma pessoa recorda algum provérbio ou ditado comum, familiar para ela durante toda a sua vida, cujo significado, se ela já o tivesse considerado antes como o faz agora, a teria salvado da calamidade. De fato, há razões para isso, além da ausência de debate. Existem muitas verdades cujo significado pleno só pode ser alcançado quando a experiência pessoal deixar isso claro. Contudo, muito mais do significado dessas verdades, mesmo daquelas que foram entendidas, e o que foi entendido teria ficado muito mais profundamente impresso na mente, se o homem estivesse acostumado a ouvir argumentos favoráveis e contrários de pessoas que as entendessem. A propensão fatal da humanidade para deixar de pensar em algo que não é mais duvidoso é a causa da metade de seus erros. Um autor contemporâneo bem falou a respeito do "sono profundo de uma opinião firmada".

"Mas como?", pode-se perguntar. A ausência de unanimidade é condição indispensável do conhecimento verdadeiro? É necessário que uma parte da humanidade persista no erro para permitir que alguém perceba a verdade? Será que uma crença deixa de ser real e vital assim que é aceita de modo geral — e uma proposição nunca é completamente entendida e sentida a menos que reste alguma dúvida? Assim que a humanidade aceitou unanimemente uma verdade, essa verdade morre dentro dela? Até agora se pensava que o objetivo mais elevado e o melhor resultado da inteligência aprimorada seria unir a humanidade cada vez mais no reconhecimento de todas as verdades importantes. E a inteligência só dura enquanto não alcança seu objetivo? Os frutos da conquista perecem pela própria inteireza da vitória?

Não afirmo isso. Conforme a humanidade se aperfeiçoa, o número de doutrinas que não são mais contestadas ou postas em dúvida aumentará constantemente: e o bem-estar da humanidade pode ser quase medido pelo número e pelo peso das verdades que alcançaram o ponto de não serem mais contestadas. O fim de controvérsias importantes, numa questão após a outra, é um dos acontecimentos necessários da consolidação da opinião; consolidação tão salutar no caso de opiniões verdadeiras, quanto perigosa e nociva quando as opiniões são errôneas. No entanto, ainda que esse estreitamento gradual dos limites da diversidade de opiniões seja necessário em ambos os sentidos do termo, sendo ao mesmo tempo inevitável e indispensável, não somos obrigados a concluir que todas as suas consequências devam ser benéficas. A perda de uma ajuda tão importante para a apreensão inteligente e viva de uma verdade, como é fornecida pela necessidade de explicá-la a oponentes ou deles defendê-la, apesar de não ser suficiente para sobrepujar o benefício de seu reconhecimento universal, não é uma desvantagem insignificante. Quando essa vantagem não pode mais ser lograda, confesso que gostaria de ver os mestres da humanidade empenhados em propiciar algo para substituí-la; algum artifício para deixar as dificuldades da questão tão presentes na consciência do discípulo, como se fossem pressionadas sobre ele por um defensor dissidente, ansioso por sua conversão.

Contudo, em vez de buscar artifícios para esse propósito, eles perderam os que tinham anteriormente. A dialética socrática, tão maravilhosamente exemplificada nos diálogos de Platão, foi um artifício desse tipo. Era, em essência, um debate negativo das grandes questões da filosofia e da vida, conduzido com perfeita habilidade no sentido de convencer alguém que tivesse meramente adotado os lugares-comuns da opinião corrente de que ele não entendia o assunto — de que ele ainda não associava nenhum significado definido às doutrinas que professava —, a fim de que, tornando-se ciente de sua ignorância, pudesse ser posto no caminho para obter uma crença estável, baseando-se numa clara apreensão tanto do significado das doutrinas quanto de suas evidências. As discussões escolásticas da Idade Média tinham um objetivo algo semelhante. Destinavam-se a assegurar que o discípulo entendesse sua própria opinião, e (por correlação necessária) a opinião oposta a ela, e pudesse impor os fundamentos de uma e refutar os da outra. Essas disputas que acabamos de mencionar tinham, de fato, o defeito insanável de recorrerem a premissas tiradas da autoridade, e não da razão; e, como disciplina mental, eram inferiores, em todos os aspectos, à poderosa dialética que formava os intelectos dos *"Socratici viri"* [discípulos de Sócrates]; mas a mente moderna deve muito mais a ambas do que geralmente está disposta a admitir, e os modos atuais de ensino não contêm nada que, minimamente, ocupe o lugar de uma ou de outra. Uma pessoa que deriva toda a sua instrução de mestres ou livros, mesmo que escape da tentação constante de se contentar com o mero acúmulo, não tem nenhuma obrigação de ouvir os dois lados; portanto, está longe de ser uma realização frequente, mesmo entre pensadores, conhecer os dois lados; e a parte mais fraca do que cada pessoa diz em defesa de sua opinião é o que pretende como resposta aos antagonistas.

Na atualidade, é costume depreciar a lógica negativa: aquela que aponta pontos fracos na teoria ou erros na prática, sem estabelecer verdades positivas. De fato, tal crítica negativa seria bastante pobre como resultado final; porém, como meio de alcançar alguma convicção ou conhecimento positivo digno do nome, é inestimável; e até as pessoas voltarem a ser sistematicamente treinadas nela, serão poucos os grandes pensadores, e será baixa a média geral do intelecto, em qualquer área de reflexão, exceto matemática e física. Em qualquer outro assunto, nenhuma opinião merece o nome de conhecimento, a não ser que a pessoa tenha percorrido, forçada pelos outros ou por si mesma, o mesmo processo mental que teria sido exigido dela para levar adiante uma controvérsia ativa com os adversários. Isso, portanto, quando ausente, é tão indispensável, mas também tão difícil de criar, como é mais do que absurdo se privar quando se oferece espontaneamente! Se existirem pessoas que contestam uma opinião em voga, ou que a contestarão se a lei ou a opinião permitir, agradeçamos a elas, abramos nossas mentes para ouvi-las, e nos alegremos que haja alguém que faça por nós aquilo que de outra forma, se tivermos alguma consideração pela certeza ou vitalidade de nossas convicções, teríamos de fazer com um trabalho muito maior para nós.

Ainda resta falar de uma das principais causas que tornam vantajosa a diversidade de opiniões e continuará a ser até que a humanidade alcance um estágio de avanço intelectual que, no presente, parece estar a uma distância incalculável. Até aqui, consideramos apenas duas possibilidades: que a opinião corrente seja falsa e, portanto, alguma outra opinião seja verdadeira; ou que, a opinião corrente sendo verdadeira, um conflito com o erro oposto é essencial para uma apreensão clara e um sentimento profundo de sua verdade. Porém, existe um caso mais comum do que esses dois: quando as doutrinas conflitantes, em vez de serem uma verdadeira e a outra falsa, compartilham a verdade entre elas; e a opinião não conformista é necessária para suprir o restante da verdade, da qual a doutrina corrente incorpora apenas parte. As opiniões populares sobre assuntos não evidentes aos sentidos são muitas vezes verdadeiras, mas nunca ou quase nunca envolvem toda a verdade. São uma parte da verdade — às vezes, uma parte maior, outras vezes, menor — mas exagerada, distorcida e desarticulada das verdades que a deveriam acompanhar e limitar. As opiniões heréticas, por outro lado, geralmente são algumas dessas verdades suprimidas e negligenciadas, rompendo os grilhões que as acorrentavam, e procurando a reconciliação com a verdade contida na opinião comum ou a confrontando como inimiga, e estabelecendo-se, com exclusividade similar, como a verdade completa. O último caso é, até agora, o mais frequente, pois, na mente humana, o unilateralismo sempre foi a regra, e o multilateralismo, a exceção. Portanto, mesmo nas revoluções de opinião, em geral uma parte da verdade decai enquanto outra ascende. Mesmo o progresso, que deveria gerar acumulação, na maioria dos casos apenas troca uma verdade parcial e incompleta por outra, sendo que o aprimoramento consiste principalmente em que o novo fragmento da verdade seja mais requerido e mais adaptado às necessidades da época do que o fragmento que substitui. Sendo tal o caráter parcial das opiniões predominantes, mesmo quando fundamentada numa base verdadeira, toda opinião que incorpora algo da parcela de verdade que a opinião comum omite deve ser considerada valiosa, independentemente da quantidade de erro e confusão com que a verdade possa estar misturada. Nenhum juiz sensato dos assuntos humanos se sentirá obrigado a se indignar, pois aqueles que forçam nossa atenção para verdades que normalmente ignoramos ignoram algumas das que vemos. Ao contrário, ele pensará que, enquanto a verdade popular é unilateral, é mais desejável que a verdade impopular também tenha defensores unilaterais; sendo eles usualmente os mais vigorosos e os mais propensos a obrigar a atenção relutante a se voltar para o fragmento de sabedoria que proclamam como sabedoria completa.

Assim, no século XVIII, quando quase todas as pessoas instruídas e todas as não instruídas que eram lideradas pelas primeiras admiravam perdidamente a chamada civilização e as maravilhas da ciência moderna, da literatura e da filosofia, e, superestimando muito o grau de diferença entre os homens dos tempos modernos e os dos tempos antigos, entregavam-se à crença de que toda a diferença estava a favor delas; com que salutar impacto os paradoxos de Rousseau explodiram como bombas entre elas, abalando a massa compacta em relação à opinião unilateral, e forçando seus elementos a se recombinarem melhor e com ingredientes adicionais. Não que, em geral, as opiniões correntes estivessem mais distantes da verdade do que as de Rousseau; pelo contrário, estavam mais perto, contendo mais verdade positiva e muito menos erro. No entanto, existia na doutrina de Rousseau, e fluiu na corrente de opinião junto com ela, um volume considerável precisamente daquelas verdades que a opinião popular queria; e essas são o depósito que foi deixado para trás quando as águas baixaram. O valor superior da simplicidade de vida, o efeito debilitante e desmoralizante dos estorvos e das hipocrisias da sociedade artificial são ideias que nunca se ausentaram inteiramente das mentes cultivadas desde que Rousseau escreveu; e, com o tempo, produzirão seu devido efeito, embora agora precisem ser defendidas mais do que nunca, e ser defendidas por meio de ações, pois as palavras sobre esse assunto quase esgotaram o seu poder.

Por outro lado, na política é quase um lugar-comum que um partido da ordem ou estabilidade e um partido do progresso ou reforma sejam ambos elementos necessários para uma condição saudável da vida política, até que um ou outro amplie sua perspicácia mental de modo a se tornar um partido da ordem e do progresso de maneira igual, sabendo e distinguindo o que deve ser preservado e o que deve ser abolido. Cada um desses modos de pensar deriva sua utilidade das deficiências do outro, mas é, em grande medida, a oposição do outro que mantém cada um dentro dos limites da razão e da sanidade. A menos que as opiniões favoráveis à democracia e à aristocracia, à propriedade e à igualdade, à cooperação e à concorrência; ao luxo e à abstinência; à sociabilidade e à individualidade; à liberdade e à disciplina, e a todos os outros antagonismos permanentes da vida prática, sejam expressos com igual liberdade, e sejam reforçados e defendidos com igual talento e energia, não há a menor chance de que ambos os elementos obtenham o que lhes é devido; sem dúvida, um prato da balança subirá, e o outro, descerá. A verdade, nos grandes interesses práticos da vida, é uma questão de reconciliar e combinar os opostos, de modo que são muito poucos aqueles com mentes suficientemente amplas e imparciais para fazer os ajustes que se aproximem da correção, e isso deve ser feito pelo processo bruto de uma disputa entre combatentes lutando sob bandeiras inimigas. Em qualquer uma das grandes questões abertas que acabamos de enumerar, se uma das duas opiniões tem uma alegação melhor do que a outra, não meramente para ser tolerada, mas para ser incentivada e apoiada, é aquela que, naquele momento e naquele lugar, está em minoria. Essa é a opinião que, por ora, representa os interesses negligenciados, o lado do bem-estar humano que corre o risco de conseguir menos do que sua parte. Tenho consciência de que, em nosso país, não existe qualquer intolerância em relação às diferenças de opinião na maioria desses tópicos. São mencionados para mostrar, mediante exemplos admitidos e variados, a universalidade do fato de que, no estado atual do intelecto humano, é apenas por meio da diversidade de opiniões que existe a possibilidade de jogo limpo para todos os lados da verdade. Quando se encontram pessoas que constituem exceção à aparente unanimidade do mundo sobre qualquer assunto, mesmo que o mundo esteja certo, é sempre provável que os dissidentes tenham algo a dizer que mereça ser ouvido, e que a verdade perderia algo com o silêncio deles.

Pode-se objetar: "Mas alguns princípios correntes, especialmente sobre os assuntos mais elevados e vitais, são mais do que meias-verdades. A moralidade cristã, por exemplo, é a verdade completa sobre esse assunto, e se alguém ensina uma moralidade diversa, está completamente errado". Como, de todos os casos, esse é o mais importante na prática, nenhum é mais adequado para pôr à prova a máxima geral. Porém, antes de declarar o que é ou não é a moralidade cristã, seria desejável decidir o que se entende por moralidade cristã. Se significa a moralidade do Novo Testamento, pergunto-me se quem obtém seu conhecimento disso a partir do próprio livro pode supor que ela foi anunciada ou concebida como uma doutrina completa de moral. O Evangelho sempre se refere a uma moralidade preexistente e limita seus preceitos aos detalhes em que essa moralidade deveria ser corrigida ou substituída por uma mais ampla e mais elevada, expressando-se, além disso, em termos mais gerais, muitas vezes impossíveis de serem interpretados literalmente, e possuindo antes o caráter solene da poesia ou eloquência do que a precisão da legislação. Nunca foi possível extrair dele um corpo de doutrina ética sem supri-lo com o Antigo Testamento, isto é, de um sistema realmente esmerado, mas bárbaro em muitos aspectos e destinado apenas a um povo bárbaro. São Paulo, inimigo declarado desse modo judaico de interpretar a doutrina, preenchendo o esquema de seu Mestre, igualmente supõe uma moralidade preexistente, a saber, a dos gregos e romanos, e seu conselho aos cristãos é, em grande medida, um sistema de acomodação a ela, ao ponto de dar uma aparente sanção à escravidão. O que se chama de moralidade cristã, mas deveria preferencialmente ser chamada de teológica, não foi obra de Cristo ou dos Apóstolos, mas apresenta origem muito posterior, tendo sido gradualmente construída pela Igreja católica nos primeiros cinco séculos e, embora não seja implicitamente adotada pelos modernos e protestantes, foi muito menos modificada por eles do que se poderia esperar. Na maior parte, de fato, eles se contentaram em cortar os acréscimos que foram feitos na Idade Média, cada seita preenchendo o lugar com novos acréscimos, adaptados ao seu próprio caráter e às suas próprias propensões.

Eu seria o último a negar que a humanidade tenha uma grande dívida em relação a essa moralidade e aos seus primeiros mestres, mas não hesito em afirmar que ela é incompleta e unilateral em muitos pontos importantes, e que a menos que ideias e sentimentos, não sancionados por ela, tivessem contribuído para a formação da vida e do caráter europeus, os assuntos humanos estariam numa condição pior do que estão agora. A (suposta) moral cristã possui todos os atributos de uma reação; é, em grande parte, um protesto contra o paganismo. Seu ideal é negativo em vez de positivo; é passivo em vez de ativo; representa Inocência em vez de Nobreza; consiste em Abstinência do Mal em vez de vigorosa Busca do Bem; em seus preceitos (como já foi bem dito), o "não farás" predomina excessivamente sobre o "farás". Em seu horror à sensualidade, tornou o ascetismo um ídolo, que gradualmente se transformou em um ídolo de legalidade. Oferece a esperança do paraíso e a ameaça do inferno como os motivos fixados e apropriados para uma vida virtuosa, caindo muito abaixo dos melhores entre os povos antigos e fazendo o máximo para dar à moralidade humana um caráter essencialmente egoísta, ao desligar os sentimentos de dever de cada homem dos interesses de seus semelhantes, exceto quando um estímulo de ordem pessoal é oferecido a ele por levá-los em conta. É basicamente uma doutrina de obediência passiva: inculca submissão a todas as autoridades estabelecidas, às quais, de fato, não se deve obedecer ativamente quando ordenam o que a religião proíbe, mas às quais não se deve resistir e muito menos rebelar-se contra elas, por mais males que nos causem. Além disso, enquanto na moralidade das melhores nações pagãs o dever em relação ao Estado ocupa um lugar até desproporcional, infringindo a justa liberdade do indivíduo, na ética puramente cristã, essa grande área de dever é quase que não notada ou reconhecida. É no Alcorão, e não no Novo Testamento, que lemos a máxima: "Um governante que nomeia um homem para um cargo, quando existe em seus domínios outro homem mais qualificado para ele, peca contra Deus e contra o Estado". O pouco reconhecimento que a ideia de obrigação em relação ao público obtém na moralidade moderna deriva de fontes gregas e romanas, não cristãs; já que, mesmo na moralidade da vida privada, tudo o que existe de magnanimidade, altivez, dignidade pessoal e até senso de honra deriva da parte puramente humana, e não da parte religiosa de nossa educação, e nunca poderia ter se originado de um padrão de ética cujo único valor ostensivamente reconhecido é o da obediência.

Longe de mim supor que esses defeitos são necessariamente inerentes à ética cristã de todas as maneiras em que ela possa ser concebida, ou que essa ética não possa se reconciliar com os diversos requisitos de uma doutrina moral completa não contidos nela.

Muito menos ainda insinuaria isso a respeito das doutrinas e dos preceitos do próprio Cristo. Acredito que, tanto quanto consigo ver, as palavras de Cristo são o que pretendiam ser; que não são incompatíveis com nada que uma moralidade abrangente requer; que tudo o que é excelente em ética pode ser trazido para dentro delas, sem maior violência à sua linguagem do que a cometida por todos que tentaram deduzir delas qualquer sistema prático de conduta. Mas está em total consonância com isso também acreditar que as palavras de Cristo contêm e pretendiam conter apenas uma parte da verdade; que muitos elementos essenciais da mais elevada moralidade estão entre as coisas que não estão dispostas, nem têm o intuito de estarem dispostas, nas declarações registradas do fundador do cristianismo, e que foram inteiramente deixadas de lado no sistema de ética erigido pela Igreja Cristã com base nessas declarações. E, sendo assim, penso que é um grande erro persistir na tentativa de tentar encontrar na doutrina cristã essa regra completa para a nossa orientação, que seu autor pretendia sancionar e impor, mas apenas parcialmente proporcionar. Acredito também que essa teoria limitada está se tornando um sério mal na prática, depreciando muito a formação e a instrução moral que muitas pessoas bem-intencionadas estão agora esforçando-se para promover. Tenho bastante receio de que, ao procurar formar a mente e os sentimentos conforme um modelo exclusivamente religioso, e ao descartar esses padrões seculares (como podem ser chamados pela falta de um nome melhor) que até agora coexistiram e suplementaram a ética cristã, recebendo um tanto do espírito dessa ética e infundindo-lhe um tanto do seu, resultará, e está mesmo agora resultando, um tipo de caráter baixo, abjeto e servil, o qual, submetendo-se ao que julga ser a Vontade Suprema, é incapaz de se compadecer ou se elevar à concepção da Bondade Suprema. Acredito que outra ética que não se desenvolva a partir de fontes exclusivamente cristãs deva existir lado a lado com a ética cristã para produzir a regeneração moral da humanidade; e que o sistema cristão não é exceção à regra de que, num estado imperfeito da mente humana, os interesses da verdade requerem uma diversidade de opiniões.

Não é necessário que, ao deixar de ignorar as verdades morais não contidas no cristianismo, os homens ignorem qualquer das verdades contidas nele. Esse preconceito ou descuido, quando ocorre, é, de modo geral, um mal; mas é um mal do qual não podemos esperar estar sempre isentos, e deve ser considerado como o preço pago por um bem inestimável. É inevitável e indispensável o protesto contra a pretensão exclusivista de uma parte da verdade ser toda a verdade; e, se, por sua vez, um impulso reacionário tornar injustos os que protestam, esse unilateralismo, assim como o outro, pode ser lamentado, mas deve ser tolerado. Se os cristãos querem ensinar os infiéis a serem justos com o cristianismo, eles mesmos devem ser justos com a falta de crença. Não presta nenhum serviço à verdade ignorar o fato, conhecido por todos os que têm a mais trivial familiaridade com a história literária, de que uma grande parcela dos mais nobres e valiosos ensinamentos morais foi obra não apenas de homens que não conheciam a fé cristã, mas de homens que a conheciam e a rejeitavam.

Não suponho que o uso mais ilimitado da liberdade de enunciar todas as opiniões possíveis acabaria com os males do sectarismo religioso ou filosófico. Toda verdade que homens de capacidade estreita levam a sério é, sem dúvida, reafirmada, inculcada e, de muitas maneiras, até usada na prática, como se nenhuma outra verdade existisse no mundo, ou, em todo caso, nenhuma verdade que pudesse limitar ou moderar a primeira. Reconheço que a propensão de todas as opiniões se tornarem sectárias não é remediada pela discussão mais livre, mas é frequentemente intensificada e exacerbada por ela; então, a verdade que se deveria ver e não se viu é rejeitada de modo ainda mais violento porque proclamada por pessoas consideradas oponentes. Mas é no observador mais calmo e desinteressado, e não no partidário fervoroso, que esse choque de opiniões causa seu efeito salutar. O grande mal não é o conflito violento entre partes da verdade, mas sim a supressão silenciosa de metade dela; sempre há esperança quando as pessoas são forçadas a ouvir os dois lados: é quando elas prestam atenção somente a um dos lados que os erros se cristalizam e viram preconceitos, e a própria verdade deixa de ter o efeito da verdade, sendo exagerada até se tornar uma mentira. E como há poucos atributos mentais mais raros do que aquela faculdade crítica capaz de proporcionar um julgamento inteligente entre os dois lados de uma questão, da qual apenas um é representado por um defensor, a verdade só tem chance na proporção em que cada lado dela, cada opinião que incorpora alguma fração dela, não apenas encontre defensores, mas ainda seja defendida de maneira a ser ouvida.

Para o bem-estar mental da humanidade (do qual dependem todos os outros bem-estares), reconhecemos agora a necessidade da liberdade de opinião e da liberdade de expressão da opinião em quatro fundamentos distintos, que nesse momento vamos recapitular brevemente.

Primeiro, se alguma opinião é forçada ao silêncio, ela pode ser verdadeira, até onde podemos saber com certeza. Negar isso é presumir nossa própria infalibilidade.

Segundo, ainda que a opinião silenciada seja errada, pode conter, e muito frequentemente contém, uma parcela de verdade; e, como a opinião geral ou predominante sobre qualquer assunto raramente ou nunca é toda a verdade, é apenas pelo choque de opiniões contrárias que o restante da verdade tem alguma chance de ser ofertada.

Terceiro, mesmo que a opinião em voga seja não só verdadeira, mas também seja toda a verdade, a menos que tolere ser, e realmente seja, contestada com vigor e seriedade, ela será, pela maioria daqueles que a recebem, mantida à maneira de um preconceito, com pouca compreensão ou sentimento de seus fundamentos racionais. E não só isso, mas, em quarto lugar, o próprio significado da doutrina estará em perigo de se perder ou se enfraquecer e de ser despojada de seu efeito vital sobre o caráter e a conduta, tornando-se o dogma uma mera fé formal, permanentemente ineficaz, e obstruindo o terreno e impedindo o desenvolvimento de qualquer convicção real e sincera com base na razão ou na experiência pessoal.

Antes de finalizar o tema da liberdade de opinião, é adequado prestar alguma atenção naqueles que afirmam que a livre expressão de todas as opiniões deve ser permitida, desde que ocorra de maneira moderada e não ultrapasse os limites do debate justo. Muito poderia ser dito sobre a impossibilidade de determinar onde devem se situar esses supostos limites; pois se o teste for uma ofensa para aqueles cujas opiniões são atacadas, considero que a experiência atesta que essa ofensa ocorre sempre que o ataque é contundente e poderoso, e que cada oponente que os pressiona com vigor, e a quem eles acham difícil responder, parece-lhes, se ele expõe algum sentimento intenso sobre o assunto, um oponente destemperado.

No entanto, ainda que essa seja uma consideração importante do ponto de vista prático, funde-se numa objeção mais fundamental. Sem dúvida, o modo de expressar uma opinião, mesmo sendo verdadeira, pode ser bastante censurável e incorrer justamente em crítica severa. Porém, as principais ofensas do tipo são tais que, na maioria das vezes, é impossível fixar uma condenação, a menos que se traiam acidentalmente. As mais graves envolvem argumentar sofisticamente, suprimir fatos ou argumentos, distorcer os elementos do caso ou deturpar a opinião contrária. Mas tudo isso, mesmo no grau mais extremo, é feito tão continuamente em perfeita boa-fé por pessoas que não são consideradas, e sob muitos outros aspectos podem não merecer ser consideradas, ignorantes ou incompetentes, que raramente é possível, em bases adequadas, qualificar diligentemente a deturpação como moralmente condenável; e menos ainda a lei poderia ousar interferir nesse tipo de má conduta controversa. Em relação ao que comumente se entende por discussão destemperada, a saber, a invectiva, o sarcasmo, o comentário ofensivo e similares, a denúncia dessas armas mereceria mais simpatia se fosse proposto proibi-las igualmente a ambos os lados; mas só se deseja restringir seu uso contra a opinião prevalecente: contra a não prevalecente, não só podem ser usadas sem desaprovação geral, mas também tenderão a obter para aquele que as usa o elogio pelo sincero zelo e pela justa indignação. Mas qualquer que seja o dano que surja de seu uso, o maior é quando são empregadas contra os comparativamente indefesos; e qualquer que seja a vantagem injusta capaz de se derivar de qualquer opinião relativa a esse modo de se afirmar, credita-se quase exclusivamente às opiniões em voga. A pior ofensa desse tipo, que pode ser cometida numa polêmica, é estigmatizar como mau e imoral aqueles que defendem a opinião contrária. Aqueles que defendem qualquer opinião impopular estão especialmente expostos a calúnias desse tipo, porque em geral são poucos e não influentes e, a não ser eles mesmos, ninguém parece muito interessado em ver a justiça sendo feita; mas essa arma, pela natureza do caso, é negada aos que atacam uma opinião prevalecente: não podem usá-la com segurança para si mesmos, e mesmo que pudessem, só serviria para se voltar contra eles mesmos. Em geral, as opiniões contrárias às comumente vigentes só conseguem obter audiência por meio de estudada moderação de linguagem, evitando ao máximo as ofensas desnecessárias; linguagem moderada da qual não podem quase nunca se desviar, mesmo que num grau leve, para não perder terreno, enquanto a vituperação desmesurada empregada pelo lado da opinião prevalecente realmente dissuade as pessoas de professar opiniões contrárias e de ouvir os que as professam.

Portanto, no interesse da verdade e da justiça, é muito mais importante restringir esse emprego de uma linguagem vituperiosa do que o outro; e, por exemplo, se fosse necessário escolher, haveria muito mais necessidade de desencorajar ataques ofensivos à falta de crença do que à religião. No entanto, é óbvio que a lei e a autoridade não devem restringir nem uma nem outra, enquanto a opinião deve, em cada ocorrência, determinar o seu veredito pelas circunstâncias de cada caso individual; condenando, assim, todo aquele, qualquer que seja seu lado no debate, em cujo modo de defesa se manifeste insinceridade, malignidade, fanatismo ou intolerância, mas sem inferir esses vícios devido ao lado que a pessoa toma, ainda que seja contrário ao nosso, e concedendo a merecida honra a todo aquele que, independentemente da opinião que possa sustentar, possui serenidade para ver e honestidade para expressar o que seus oponentes e suas opiniões realmente são, nada exagerando em descrédito deles e nada retendo que fale, ou possa falar, em favor deles. Essa é a verdadeira moralidade do debate público: e se é violada com frequência, fico feliz em pensar que há muitos polemistas que a observam em grande medida, e um número ainda maior que se esforça diligentemente nessa direção.

CAPÍTULO 3

Da individualidade como um dos elementos do bem-estar

SENDO ESSAS AS RAZÕES QUE TORNAM IMPERATIVO AOS seres humanos serem livres para formar opiniões e expressá-las sem reservas; e sendo essas as consequências nefastas para a natureza intelectual e, por meio dela, para a natureza moral do homem, a menos que essa liberdade seja concedida ou defendida a despeito da proibição, examinemos a seguir se essas mesmas razões não exigem que os homens sejam livres para agir de acordo com suas opiniões — para aplicá-las em suas vidas sem impedimento físico ou moral de seus semelhantes, desde que seja por sua própria conta e risco.

Naturalmente, essa última condição é indispensável. Ninguém supõe que as ações sejam tão livres quanto as opiniões. Pelo contrário, até as opiniões perdem sua imunidade quando são dadas em circunstâncias em que sua expressão constitui uma instigação explícita a algum ato nocivo. A opinião de que os negociantes de cereais matam de fome os pobres ou de que a propriedade privada é roubo não deve ser molestada quando simplesmente circula pela imprensa, mas pode merecidamente incorrer em punição quando transmitida oralmente a uma turba ensandecida reunida diante da empresa de um tal comerciante ou quando comunicada para a mesma turba por meio de um cartaz. Atos de qualquer espécie que, sem causa justificável, prejudiquem os outros podem e, nos casos mais importantes, devem ser controlados pelos sentimentos opostos e, quando necessário, pela interferência ativa da humanidade. A liberdade do indivíduo deve ser limitada até aí; ele não deve se tornar um incômodo para as outras pessoas. Porém, se o indivíduo se abstém de molestar os outros naquilo que lhes diz respeito e age simplesmente de acordo com sua inclinação e seu julgamento sobre as coisas que dizem respeito a si mesmo, as mesmas razões que mostram que a opinião deve ser livre também demonstram que ele deve poder colocar suas opiniões em prática por conta própria, sem ser molestado. Que a humanidade não é infalível; que suas verdades, na maioria, são apenas meias-verdades; que a unidade de opinião, a menos que resulte da comparação mais completa e mais livre de opiniões contrárias, não é desejável; e que a diversidade é um bem e não um mal, até que a humanidade seja muito mais capaz, do que é no presente, de reconhecer todos os lados da verdade: são princípios aplicáveis aos modos de ação dos homens e também às suas opiniões. Assim como é útil que existam diversas opiniões enquanto a humanidade é imperfeita, também devem existir diversas experiências de vida; deve-se dar livre alcance às variedades de caráter, sem que haja prejuízo para os outros; e se deve provar na prática o valor dos diversos modos de vida, quando alguém acha adequado experimentá-los. Em resumo, é desejável que, nas coisas que não dizem respeito prioritariamente aos outros, a individualidade se afirme. Onde as tradições ou os costumes das outras pessoas são a regra de conduta, e não o caráter da própria pessoa, falta um dos principais ingredientes da felicidade humana e o ingrediente central do progresso individual e social.

Ao manter esse princípio, a maior dificuldade a ser encontrada não reside na avaliação dos meios para um fim conhecido, mas sim na indiferença das pessoas em geral em relação ao próprio fim. Se se percebesse que o livre desenvolvimento da individualidade é um dos principais fundamentos do bem-estar, que não é apenas um elemento coordenado com tudo o que é designado pelos termos civilização, instrução, educação, cultura, mas é em si parte e condição necessária de todas essas coisas, não haveria o perigo de que a liberdade fosse subestimada, e o ajuste dos limites entre elas e o controle social não apresentaria nenhuma dificuldade incomum. No entanto, o mal é que a espontaneidade individual dificilmente é reconhecida pelos modos comuns de pensar como possuindo qualquer valor intrínseco ou merecendo qualquer consideração por conta própria. A maioria, estando satisfeita com os costumes da humanidade como são agora (pois são eles que os tornam o que são), não consegue compreender por que esses costumes não deveriam ser muito bons para todos. Além disso, a espontaneidade não faz parte do ideal da maioria dos reformadores morais e sociais, sendo mais exatamente vista com desconfiança, como um obstáculo incômodo e talvez rebelde à aceitação geral do que esses reformadores, em seu próprio juízo, acham que seria o melhor para a humanidade. Poucas pessoas, fora da Alemanha, compreendem o significado da doutrina que Wilhelm von Humboldt, tão eminente como erudito quanto como político, escreveu no texto de um tratado que "o fim do homem, ou aquilo prescrito pelos ditames eternos ou imutáveis da razão, e não sugerido por desejos vagos e temporários, é o desenvolvimento mais elevado e mais harmonioso de seus poderes em relação a um todo completo e homogêneo"; que, portanto, o objetivo "para o qual todo ser humano deve dirigir incessantemente seus esforços, e do qual especialmente aqueles que planejam influenciar seus semelhantes devem sempre ficar atentos, é a individualidade do poder e do desenvolvimento"; que para isso existem dois requisitos, "a liberdade e a variedade de situações"; e que da união delas resultam "o vigor individual e a múltipla diversidade", que se combinam na "originalidade".[6]

Contudo, por menos que as pessoas estejam acostumadas a uma doutrina como a de Humboldt, e se surpreendam que se possa atribuir um valor tão grande à individualidade, deve-se pensar que a questão talvez seja apenas de grau. Ninguém considera que a ideia de excelência de conduta equivalha à de que as pessoas não façam absolutamente nada além de copiarem umas às outras. Ninguém afirmaria que as pessoas não devem incluir em seu modo de vida e, na condução de seus interesses, qualquer marca de seu julgamento ou de seu caráter individual. Por outro lado, seria absurdo supor que as pessoas devam viver como se nada do mundo fosse conhecido antes de chegarem a ele; como se a experiência ainda não tivesse feito nada para mostrar que um modo de vida ou de conduta é preferível a outro. Ninguém nega que as pessoas devam ser ensinadas e capacitadas na juventude para conhecer e se beneficiar dos resultados verificados da experiência humana. Porém, é o privilégio e a condição própria de um ser humano, chegado à maturidade de suas faculdades, usar e interpretar a experiência à sua maneira. Cabe a ele descobrir que parte da experiência registrada se aplica adequadamente às suas circunstâncias e ao seu caráter. Até certo ponto, as tradições e os costumes de outras pessoas são a prova do que a experiência lhes ensinou; prova presumida e, como tal, tem o direito de ser considerada. Mas, em primeiro lugar, a experiência delas pode ser muito limitada, ou talvez não a interpretaram corretamente. Em segundo lugar, sua interpretação da experiência pode ser correta, mas inadequada para ele. Os costumes são criados para circunstâncias costumeiras e para caracteres costumeiros; e as circunstâncias ou o caráter deles podem não ser costumeiros. Em terceiro lugar, ainda que os costumes sejam bons como costumes e adequados para eles, a conformidade com o costume, meramente como costume, não educa nem desenvolve neles qualquer qualidade que seja dote inconfundível de um ser humano. As faculdades humanas de percepção, de julgamento, de discernimento, de atividade mental, e até de preferência moral, são exercidas apenas ao se fazer uma escolha. Aquele que faz algo porque é o costume não faz nenhuma escolha. Não ganha nenhuma prática em discernir ou desejar o melhor. Os poderes mentais e morais, assim como a força muscular, só são aprimorados mediante o uso. As faculdades não são convocadas ao exercício ao se fazer uma coisa simplesmente porque os outros a fazem, assim como ao se acreditar numa coisa apenas porque os outros acreditam nela. E se o fundamento de uma opinião não for conclusivo para a razão da pessoa, sua razão não se fortalecerá, tendendo a se enfraquecer pela adoção dela: e se aquilo que a induz a agir não for consentâneo com seus sentimentos e seu caráter (quando a afeição ou o direito dos outros não estão envolvidos), muito se prestará para tornar seus sentimentos e o seu caráter inertes e entorpecidos, em vez de ativos e vigorosos.

Aquele que deixa o mundo, ou a sua própria parcela do mundo, escolher o plano de vida para si não precisa de qualquer outra faculdade a não ser a da imitação simiesca. Aquele que escolhe o plano por si mesmo emprega toda as suas faculdades. Deve usar a observação para ver, o raciocínio e o julgamento para prever, a atividade para coletar elementos em busca de uma decisão, o discernimento para decidir e, depois de decidir, a firmeza e o autocontrole para manter a tomada de decisão deliberada. E são grandes essas qualidades que ele necessita e exercita na razão direta relativa à parte de sua conduta, que ele determina de acordo com o seu próprio julgamento e os seus próprios sentimentos. É possível que ele seja guiado por algum bom caminho e se mantenha fora de perigo sem nenhuma dessas coisas. Mas qual será então o seu valor como ser humano? É realmente importante não só o que os homens fazem, mas também que tipo de homens eles são. Entre as obras do homem, que a vida humana é usada adequadamente para aperfeiçoar e embelezar, a primeira em importância é, sem dúvida, o próprio homem. Supondo que fosse possível construir casas, cultivar milho, travar batalhas, julgar processos e até erguer igrejas e orar por meio de máquinas — por autômatos em forma humana —, seria uma perda considerável trocar por tais autômatos até mesmo os homens e as mulheres que, no presente, habitam as partes mais civilizadas do mundo e que certamente são apenas espécimes subalimentadas do que a natureza pode produzir e vai produzir. A natureza humana não é uma máquina a ser construída conforme um modelo, e ajustada para fazer exatamente o trabalho prescrito para ela, mas sim uma árvore, que necessita crescer e se desenvolver em todos os lados, de acordo com a propensão das forças internas que a tornam uma coisa viva.

Provavelmente admite-se ser desejável que as pessoas exerçam seus entendimentos, e que uma obediência inteligente ao costume, ou mesmo, ocasionalmente, um desvio inteligente do costume, é melhor do que uma adesão cega e simplesmente mecânica a ele. Até certo ponto, admite-se que nosso entendimento deve ser o nosso próprio: mas não há a mesma propensão em admitir que nossos desejos e impulsos também devam ser os nossos próprios, ou que possuir impulsos próprios, e de qualquer intensidade, não constitui um perigo e uma armadilha. Contudo, os desejos e os impulsos são tão parte de um ser humano perfeito, quanto as crenças e as coibições: os impulsos fortes só são perigosos quando não adequadamente balanceados; quando um conjunto de objetivos e inclinações se desenvolve e ganha força, enquanto outros, que devem coexistir com ele, permanecem fracos e inativos. Os homens não agem mal porque seus desejos são fortes, mas porque sua consciência é fraca. Não há ligação natural entre impulsos fortes e consciência fraca. A ligação natural é o contrário. Dizer que os desejos e os sentimentos de uma pessoa são mais fortes e mais variados do que os de outra pessoa é simplesmente dizer que a primeira dispõe de mais da matéria-prima da natureza humana e, portanto, é capaz talvez de mais mal, mas certamente de mais bem. Impulsos fortes são apenas outro nome para energia. A energia pode estar voltada para maus usos; no entanto, mais bem sempre pode ser feito por uma natureza enérgica do que por uma indolente e apática. Aqueles que possuem mais sentimento natural são sempre aqueles cujos sentimentos cultivados podem ser os mais fortes. As mesmas suscetibilidades fortes que tornam os impulsos pessoais vívidos e poderosos também são a fonte de onde são gerados o amor mais apaixonado pela virtude e o autocontrole mais severo. É por meio do cultivo desses que a sociedade cumpre o seu dever e protege os seus interesses, e não ao rejeitar a matéria da qual são feitos os heróis, por não saber como fazê-los. Afirma-se que a pessoa tem caráter quando os desejos e os impulsos são seus — são a expressão de sua natureza, enquanto desenvolvida e modificada por sua cultura. Aquele cujos desejos e impulsos não são seus não tem caráter, assim como uma máquina a vapor também não o tem. Se, além de serem próprios, seus impulsos são fortes e estão sob o governo de uma vontade forte, a pessoa possui um caráter enérgico. Quem considera que a individualidade dos desejos e impulsos não deve ser estimulada para se desenvolver sustenta que a sociedade não tem necessidade de naturezas fortes — não é bom ter muitas pessoas que possuam muito caráter — e que uma média geral elevada de energia não é desejável.

Em alguns estágios iniciais da sociedade, essas forças podiam estar, e estavam, muito à frente do poder que a sociedade então possuía de discipliná-las e controlá-las. Houve um tempo em que o elemento de espontaneidade e individualidade existia em excesso, e o princípio social travou uma luta árdua contra ele. A dificuldade então era induzir os homens de corpo ou mente fortes a prestar obediência a qualquer regra que lhes exigisse controlar os impulsos. Para superar essa dificuldade, a lei e a disciplina, como os papas lutando contra os imperadores, impuseram um poder sobre o homem como um todo, alegando controlar toda a sua vida para controlar o seu caráter — que a sociedade não encontrara nenhum outro meio suficiente de restringir. Contudo, a sociedade agora conseguiu razoavelmente o melhor da individualidade; e o perigo que ameaça a natureza humana não é o excesso, mas a deficiência dos impulsos e das preferências pessoais. As coisas mudaram muito desde que as paixões daqueles que eram fortes por posição social ou dote pessoal se achavam em estado de rebelião habitual contra as leis e os regulamentos e precisavam ser rigorosamente contidas para permitir que as pessoas ao seu alcance desfrutassem de alguma parcela mínima de segurança. Em nossa época, da classe mais alta à mais baixa da sociedade, todos vivem como se estivessem sob os olhos de uma censura hostil e terrível. Não apenas no que diz respeito aos outros, mas também no que diz respeito apenas a si mesmo, o indivíduo ou a família não se pergunta: "O que eu prefiro? O que se adéqua ao meu caráter e disposição? O que permitiria que o melhor e o mais elevado em mim tenha tratamento justo e me permita crescer e prosperar?". O que o indivíduo ou a família se pergunta é: "O que é adequado à minha posição? O que geralmente fazem pessoas de minha posição social e em minhas condições financeiras?". Ou, pior ainda: "O que geralmente fazem as pessoas de uma posição social e em condições financeiras superiores às minhas?". Não quero dizer que elas escolhem o costumeiro em detrimento de preferir o que se adéqua à sua inclinação. Não lhes ocorre ter qualquer inclinação, a não ser pelo costumeiro. Assim, a própria mente se curva ao jugo: mesmo no que as pessoas fazem por prazer, a conformidade é a primeira coisa em que pensam; gostam de multidões; exercem a escolha apenas entre coisas frequentemente feitas: a peculiaridade do gosto e a excentricidade de conduta são evitados como se fossem crimes; até que, por não seguirem sua natureza, não têm mais natureza a seguir: suas capacidades humanas encolheram e definharam; tornam-se incapazes de qualquer desejo forte ou prazer natural e geralmente não têm opiniões ou sentimentos cultivados em terreno próprio ou que sejam propriamente seus. Ora, isso é ou não é a condição desejável da natureza humana?

É, segundo a teoria calvinista. De acordo com ela, a única grande transgressão do homem é a vontade própria. Todo o bem de que a humanidade é capaz está abrangido na obediência. Não se tem escolha; é assim que se faz e não de outra maneira: "O que não é dever, é pecado". Sendo a natureza humana radicalmente corrupta, não há redenção para ninguém até que a natureza humana seja morta dentro de si. Para quem defende essa teoria da vida, não há mal nenhum em esmagar qualquer das faculdades, capacidades e suscetibilidades humanas: o homem não precisa de capacidade, exceto a de se render à vontade de Deus; e se ele usar alguma de suas faculdades para qualquer outro propósito que não seja o de cumprir aquela suposta vontade com maior eficácia, é melhor se privar delas. Essa é a teoria do calvinismo, sendo defendida, de forma mitigada, por muitos que não se consideram calvinistas; a mitigação consiste em dar uma interpretação menos ascética à suposta vontade de Deus, afirmando ser Sua vontade que a humanidade satisfaça algumas de suas inclinações, naturalmente, não da maneira como as próprias pessoas preferem, mas no que diz respeito à obediência; isto é, da maneira prescrita a elas pela autoridade e, portanto, pela condição necessária do caso, a mesma para todos.

Sob alguma dessas formas insidiosas, existe atualmente uma forte propensão a essa teoria da vida estreita e ao tipo de caráter humano oprimido e tacanho patrocinado por ela. Sem dúvida, muitas pessoas pensam sinceramente que os seres humanos, assim tolhidos e apequenados, são como o seu Criador concebia que fossem, assim como muitos pensam que as árvores ficam muito mais bonitas com os ramos aparados ou podadas em figuras de animais do que na forma como a natureza as criou. Porém, se alguma parte da religião acredita que o homem foi criado por um Ser bom, está mais em consonância com essa fé acreditar que esse Ser concedeu todas as faculdades humanas para que pudessem ser cultivadas e desenvolvidas, e não extirpadas e destruídas, e que Ele se deleita com cada postura assumida por suas criaturas mais próxima à concepção ideal encarnada nelas, com cada aumento em qualquer uma de suas capacidades de compreensão, de ação ou de desfrute. Há um tipo de excelência humana diferente da calvinista: uma concepção de humanidade como tendo sua natureza concedida a ela para outros propósitos além de meramente a renúncia. A "autoafirmação pagã" é um dos elementos do valor humano, assim como a "renúncia cristã".[7] Existe um ideal grego de autoaperfeiçoamento, ao qual o ideal platônico e cristão de autogoverno se mistura, mas sem o substituir. Talvez seja melhor ser um John Knox do que um Alcibíades, mas é melhor ser um Péricles do que qualquer um dos dois; e se atualmente tivéssemos um Péricles, não lhe faltaria nada de bom que pertenceu a John Knox.

Não é sujeitando à uniformidade tudo o que existe de individual nas pessoas, mas sim cultivando e estimulando essas características, dentro dos limites impostos pelos direitos e interesses dos outros, que os seres humanos se tornam um objeto nobre e belo de contemplação; e assim como as obras fazem parte do caráter daqueles que as realizam, pelo mesmo processo a vida humana também se enriquece, se diversifica e se inspira, fornecendo alimento mais abundante a altos pensamentos e a sentimentos elevados, e fortalecendo o laço que une cada indivíduo à espécie, tornando-a infinitamente mais digna de se lhe pertencer. Na razão direta do desenvolvimento de sua individualidade, cada pessoa se torna mais valiosa para si mesma e, portanto, capaz de ser mais valiosa para os outros. Há uma maior plenitude de vida em relação à sua existência, e, se há mais vida nas unidades, há mais vida na massa composta por elas. Não se pode prescindir de alguma compressão para impedir que os espécimes mais fortes da natureza humana avancem sobre os direitos dos outros, mas em relação a isso há ampla compensação mesmo do ponto de vista do desenvolvimento humano. Os meios de desenvolvimento que o indivíduo perde ao ser impedido de satisfazer suas inclinações em detrimento dos outros são obtidos principalmente às custas do desenvolvimento de outras pessoas. E até para si mesmo há um equivalente completo no melhor desenvolvimento da parte social de sua natureza, tornada possível pela coibição imposta à parte egoísta. Sujeitar-se a regras rígidas de justiça em consideração aos outros desenvolve os sentimentos e as capacidades que têm como objetivo o bem dos outros. Contudo, a coibição em relação a coisas que não afetam o bem, que apenas lhes causam desagrado, nada desenvolve de valioso, exceto a força de caráter que pode se desenvolver ao resistir à coibição. Nesse caso, toda a natureza é embotada e entorpecida.

Para dar algum tratamento justo à natureza de cada um, é essencial que pessoas diferentes possam levar vidas diferentes. Na proporção em que essa margem de manobra tenha sido exercida em alguma época, essa época se notabiliza para a posteridade. Nem sequer o despotismo produz seus piores efeitos desde que a individualidade exista sob ele; e, seja o que for que esmague a individualidade, trata-se de despotismo, independentemente do nome pelo qual seja chamado, quer declare estar aplicando a vontade de Deus, quer as injunções dos homens.

Tendo dito que individualidade é a mesma coisa que desenvolvimento e que apenas o cultivo da individualidade produz ou pode produzir seres humanos bem desenvolvidos, posso aqui encerrar a discussão: pois o que mais ou melhor pode ser dito em relação a qualquer condição dos assuntos humanos, senão que ela aproxima os seres humanos da melhor coisa que eles podem ser? Ou o que de pior pode ser dito de qualquer obstáculo ao bem, senão que ele impede isso? Porém, sem dúvida, essas considerações não serão suficientes para convencer aqueles que mais precisam ser convencidos. É necessário mostrar que esses seres humanos desenvolvidos têm alguma utilidade para os não desenvolvidos — mostrar àqueles que não desejam a liberdade e não se aproveitariam dela que eles podem ser recompensados de algum modo inteligível por permitirem que outras pessoas façam uso dessa liberdade sem impedimentos.

Então, em primeiro lugar, sugeriria que eles poderiam aprender algo com essas pessoas. Ninguém vai negar que a originalidade é um elemento valioso nos assuntos humanos. Sempre existe a necessidade das pessoas não só de descobrir novas verdades e de mostrar quando as de antigamente não são mais verdadeiras, mas também de iniciar novas práticas e dar o exemplo de uma conduta mais evoluída e de um melhor gosto e sentido na vida humana.

Isso não pode ser negado por ninguém que não acredite que o mundo já tenha atingido a perfeição em todos os seus costumes e em todas as suas práticas. É verdade que esse benefício não é capaz de ser prestado por todos da mesma forma: há poucas pessoas, em comparação ao conjunto da humanidade, cujas experiências, se adotadas por outros, tenderiam a ser algum aprimoramento na prática estabelecida. Mas esses poucos são o sal da terra; sem eles, a vida humana se tornaria uma poça d'água estagnada. Não são apenas eles que introduzem coisas boas que antes não existiam; são eles que mantêm a vida naquelas já existentes. Se não houvesse nada de novo a ser feito, o intelecto humano deixaria de ser necessário? Seria uma razão pela qual aqueles que fazem coisas antigas esqueceriam por que são feitas e as fariam como gado, e não como seres humanos? Há uma propensão muito grande de as melhores crenças e práticas degenerarem-se e tornarem-se gestos mecânicos; e se não houvesse uma sucessão de pessoas cuja originalidade sempre recorrente impedisse que os fundamentos dessas crenças e práticas se tornassem meramente tradicionais, essa matéria morta não resistiria ao menor impacto de algo realmente vivo e não haveria razão para que a civilização não morresse, como no Império Bizantino. As pessoas geniais, é verdade, são e provavelmente sempre serão uma pequena minoria; mas, para tê-las, é necessário preservar o solo onde crescem. O gênio só pode respirar livremente numa atmosfera de liberdade. As pessoas geniais são, *ex vi termini* [por definição], mais individuais do que quaisquer outras pessoas — menos capazes, portanto, de se ajustarem, sem compressão dolorosa, a qualquer um dos poucos moldes que a sociedade provê a fim de poupar seus membros do problema de formar o seu próprio caráter. Se, por timidez, consentem em ser ajustadas à força a um desses moldes e deixam que toda aquela parte de si mesmas que não pode se expandir sob pressão permaneça sem se expandir, a sociedade pouco tirará proveito do gênio delas. Se são de caráter forte e rompem seus grilhões, tornam-se um alvo para a sociedade que não conseguiu reduzi-las ao lugar-comum, sendo apontadas em advertência importante como "extravagantes", "erráticas" e coisas do gênero; como se devêssemos nos lamentar pelo rio Niágara não correr tranquilamente entre suas margens como corre a água num canal holandês.

Dessa forma, insisto de modo enfático na importância do gênio e na necessidade de permitir que se desenvolva livremente no pensamento e na prática, estando bem ciente de que ninguém negará essa posição na teoria, mas também sabendo que quase todos, na realidade, são totalmente indiferentes a ela. As pessoas consideram genialidade algo excelente se ela torna uma pessoa capaz de escrever um poema emocionante ou pintar um quadro. Porém, em seu sentido verdadeiro, o de originalidade no pensamento e na ação, embora ninguém diga que não seja algo a ser admirado, quase todos, no fundo, acham que podem passar muito bem sem isso. Infelizmente, é natural demais para causar espanto. A originalidade é a única coisa cuja utilidade as mentes não originais não conseguem sentir. Não conseguem perceber o que faz por elas. E como conseguiriam? Se conseguissem, não seria originalidade. O primeiro serviço que a originalidade tem de prestar é o de abrir-lhes os olhos: uma vez isso feito, teriam a chance de serem elas mesmas originais. Enquanto isso, lembrando que nada nunca foi feito sem que alguém tenha sido o primeiro a fazer, e que todas as coisas boas que existem são fruto da originalidade, que sejam modestas o suficiente para acreditar que ainda resta algo a ser feito, e percebam que, quanto mais estão precisando de originalidade, menos estão conscientes de sua necessidade.

Na verdade, seja qual for a homenagem que se possa manifestar ou até prestar à real ou à suposta superioridade mental, a tendência geral das coisas em todo o mundo é tornar a mediocridade o poder predominante entre a humanidade. Na história antiga, na Idade Média e, num grau decrescente, durante a longa transição do Feudalismo até o tempo presente, o indivíduo era um poder em si mesmo, e se ele tivesse grandes talentos ou uma posição social elevada, era um poder considerável. No presente, os indivíduos estão perdidos na multidão. Na política, é quase uma trivialidade dizer que agora a opinião pública governa o mundo. O único poder que merece esse nome é o das massas e dos governos que se tornam agentes das propensões e dos instintos das massas. Isso vale nas relações morais e sociais da vida privada e nos negócios públicos. Aqueles cujas opiniões são conhecidas como opinião pública nem sempre são o mesmo tipo de público: nos Estados Unidos, são toda a população branca; na Inglaterra, são principalmente a classe média. Mas são sempre massas, isto é, uma mediocridade coletiva. E o que é uma novidade ainda maior: nesse momento, as massas não recebem suas opiniões de dignitários da Igreja ou do Estado, de pretensos líderes ou dos livros. O pensamento delas é feito para elas por homens muito parecidos com elas mesmas, dirigindo-se a elas ou falando em seu nome impulsivamente por meio dos jornais.

 Não estou reclamando de nada disso. Não afirmo que, como regra geral, algo melhor seja compatível com o atual baixo nível da mente humana. No entanto, isso não impede que o governo da mediocridade seja um governo medíocre. Nenhum governo com base numa democracia ou numa aristocracia numerosa, seja em seus atos políticos, seja nas opiniões, qualidades e nível mental que promove, jamais se ergueu ou conseguiu se erguer acima da mediocridade, exceto na medida em que a maioria soberana se deixou guiar (o que sempre fez em seus melhores tempos) pelos conselhos e pela influência de um ou de uma minoria mais altamente dotada e instruída. A iniciação de todas as coisas sábias ou nobres vem e deve vir de indivíduos; geralmente, a princípio, de um único indivíduo. A honra e a glória do homem comum é que ele seja capaz de seguir essa iniciativa, que ele possa responder internamente a coisas sábias e nobres e ser levado a elas com os olhos abertos. Não estou apoiando o tipo de "culto ao herói" que aplaude o forte homem genial por se apoderar à força do governo do mundo e fazer com que os outros, à revelia de si próprios, cumpram suas ordens. Tudo o que ele pode reivindicar é a liberdade de apontar o caminho. O poder de obrigar os outros a segui-lo não só é incompatível com a liberdade e o desenvolvimento de todo o resto, mas também corrompe o próprio homem forte. No entanto, parece que quando as opiniões das massas de homens meramente comuns se tornaram, ou estão se tornando, o poder dominante por toda a parte, o contrapeso e o corretivo a essa propensão seriam a individualidade cada vez mais acentuada daqueles que se situam nas alturas mais elevadas do pensamento. É sobretudo nessas circunstâncias que os indivíduos excepcionais, em vez de serem contidos, deveriam ser estimulados a agir de modo diferente das massas. Em outros tempos, não havia vantagem em fazer isso, a menos que agissem não só de modo diferente, mas também melhor. Nesta época, o mero exemplo de inconformidade, a mera recusa a se submeter ao costume é em si um serviço. Justamente porque a tirania da opinião é tal que torna a excentricidade motivo de censura, é desejável, para romper essa tirania, que as pessoas sejam excêntricas. A excentricidade sempre sobejou quando e onde a força de caráter sobejou; e o grau de excentricidade numa sociedade geralmente foi proporcional ao grau de genialidade, vigor mental e coragem moral nela contidos. Atualmente, que tão poucos ousem ser excêntricos sinaliza o principal perigo da época.

Afirmei que é importante dar o escopo mais livre possível para coisas não costumeiras, a fim de que, no devido tempo, possa se mostrar quais são adequadas para se converterem em costumes. Mas a independência de ação e o descaso pelos costumes não só merecem incentivo pela oportunidade que oferecem de que melhores modos de ação e de que costumes mais dignos de adoção geral possam ser atingidos; nem são apenas as pessoas de clara superioridade mental que têm a justa reivindicação de levar suas vidas à sua maneira. Não há razão para que toda a existência humana deva ser construída sobre um único padrão ou um pequeno número de padrões. Se uma pessoa possui qualquer grau tolerável de bom senso e experiência, seu próprio modo de esquematizar sua existência é o melhor, não porque seja o melhor em si mesmo, mas porque é o seu modo próprio. Os seres humanos não são como carneiros; nem sequer os carneiros são indistintamente iguais. Um homem não consegue um casaco ou um par de botas do seu tamanho, a menos que tenham sido feitos sob medida, ou que ele tenha todo um armazém onde possa escolher: e será mais fácil harmonizá-lo com uma vida do que com um casaco, ou serão os seres humanos mais parecidos entre si em toda a sua conformação física e espiritual do que na forma de seus pés? Se fosse apenas o caso de que as pessoas têm diversidades de gosto, isso já seria razão suficiente para não tentar moldar todos conforme um modelo.

Contudo, pessoas diferentes também exigem condições diferentes para o seu desenvolvimento espiritual, e, assim como toda a variedade de plantas não pode existir no mesmo clima e ambiente físico, as pessoas tampouco podem existir de forma saudável no mesmo clima e ambiente moral. As mesmas coisas que ajudam uma pessoa para o cultivo de sua natureza superior são obstáculos para outra. O mesmo modo de vida é um estímulo saudável para uma pessoa, mantendo todas as suas faculdades de ação e desfrute na melhor condição, enquanto para outra pessoa é um fardo perturbador, que esmaga ou reprime toda a vida interior. Tais são as diferenças entre os seres humanos em suas fontes de prazer, em suas suscetibilidades à dor, e no efeito sobre eles de diferentes ações físicas e morais, que a menos que haja uma diversidade correspondente em seus modos de vida, não obtêm sua cota justa de felicidade, nem crescem e alcançam a estatura mental, moral e estética da qual sua natureza é capaz. Por que então a tolerância, no que diz respeito ao sentimento público, estende-se apenas aos gostos e aos modos de vida que conseguem a aquiescência da multidão de seus adeptos? Em nenhum lugar (exceto em algumas instituições monásticas), a diversidade de gosto é inteiramente ignorada; uma pessoa pode, sem culpa, gostar ou não gostar de remar, de fumar, de música, de exercícios físicos, de jogar xadrez ou cartas, de estudar, porque tanto aqueles que gostam de cada uma dessa coisas, como aqueles que não gostam, são muito numerosos para ser reprimidos. Mas o homem, e ainda mais a mulher, que pode ser acusado de fazer "o que ninguém faz", ou de não fazer "o que todo o mundo faz", é objeto de comentários depreciativos, como se tivesse cometido algum delito moral grave. As pessoas precisam possuir um título, algum outro símbolo de posição ou o apreço de pessoas de posição para poderem se entregar um pouco ao luxo de fazer o que quiserem sem a perda da estima alheia. Para poderem se entregar um pouco, repito: pois aqueles que se permitem entregar-se muito correm o risco de recair em algo pior do que comentários depreciativos — ficam em perigo de serem considerados lunáticos e de terem seus bens tomados e entregues aos seus parentes.[8]

Há uma característica em relação ao rumo atual da opinião pública, calculada de modo peculiar para torná-la intolerante a qualquer demonstração acentuada de individualidade. A média geral da humanidade não é apenas moderada no intelecto, mas também nas inclinações: as pessoas não têm gostos ou desejos fortes o bastante para predispô-las a fazer algo incomum e, portanto, não entendem aquelas que têm, e as classificam entre as extravagantes e destemperadas que estão acostumadas a encarar com desprezo. Agora, além desse fato, que é geral, temos apenas que supor que um forte movimento começou rumo ao aprimoramento da conduta moral, sendo evidente o que podemos esperar. Nos dias de hoje, esse movimento se disseminou; realmente, muito se fez no que diz respeito a uma maior regularidade de conduta e desencorajamento dos excessos; e existe um espírito filantrópico amplo para a sua prática, para a qual não há campo mais convidativo do que o aprimoramento moral e prudencial de nossos semelhantes. Essas tendências dos tempos fazem com o que público esteja mais disposto do que na maioria das épocas anteriores a prescrever regras gerais de conduta e a se empenhar para que todos se adaptem ao padrão aprovado. E esse padrão, manifesto ou tácito, envolve não desejar nada com intensidade. Seu ideal de caráter é não ter nenhum caráter acentuado; é mutilar através de compressão, como o pé de uma dama chinesa, todas as partes da natureza humana que se sobressaem de forma destacada e tendam a tornar a pessoa acentuadamente diferente em linhas gerais da humanidade corriqueira.

Como é geralmente o caso com os ideais que excluem metade do que é desejável, o atual padrão de aprovação gera apenas uma reprodução inferior da outra metade. Em vez de grandes energias guiadas pela razão vigorosa e de sentimentos fortes controlados vigorosamente por uma vontade conscienciosa, seu resultado são sentimentos fracos e energias fracas, que, portanto, podem se manter em conformidade visível com a regra sem qualquer força, seja da vontade, seja da razão. Os caracteres vigorosos em grande escala já estão tornando-se meramente tradicionais. Hoje em dia, quase não existe nenhuma vazão para a energia em nosso país, exceto os negócios. A energia despendida nisso ainda pode ser tida como considerável. O pouco que resta após o exercício dessa atividade é despendido em algum passatempo, o que pode ser útil, mesmo um passatempo filantrópico, mas é sempre apenas uma única coisa, e geralmente uma coisa de pequenas dimensões. A grandeza da Inglaterra é agora totalmente coletiva; individualmente pequenos, só parecemos capazes de algo notável pelo nosso hábito de associação e, com isso, os nossos filantropos morais e religiosos estão plenamente satisfeitos. Mas foram homens de outro tipo que fizeram da Inglaterra o que ela tem sido; e homens de outro tipo serão necessários para lhe impedir o declínio.

Por toda parte, o despotismo do costume é o obstáculo permanente ao avanço humano, estando em incessante antagonismo com aquela disposição de almejar algo melhor do que o costumeiro, a qual é chamada, de acordo com as circunstâncias, de espírito da liberdade ou de espírito do progresso ou aprimoramento. O espírito de aprimoramento nem sempre é um espírito de liberdade, pois pode ter por meta forçar aprimoramentos num povo relutante; e o espírito de liberdade, na medida em que resiste a essas tentativas, pode se aliar local e temporariamente aos oponentes do aprimoramento. No entanto, a única fonte infalível e permanente do aprimoramento é a liberdade, visto que por meio dela existem tantos centros independentes possíveis de aprimoramento quanto existem indivíduos. O princípio do progresso, porém, sob qualquer forma, como o amor à liberdade ou ao aprimoramento, é antagônico ao domínio do costume, envolvendo pelo menos a libertação desse jugo; e a disputa entre os dois constitui o principal interesse da história da humanidade. A maior parte do mundo propriamente dito não tem história, porque o despotismo do costume é total. Esse é o caso em todo o Oriente. Ali, o costume existe em todas as coisas, sendo a última instância; a justiça e o direito significam conformidade ao costume; ninguém, exceto o tirano inebriado de poder, pensa em resistir ao argumento do costume. E nós vemos o resultado. Antigamente, essas nações devem ter tido originalidade; não começaram já populosas, letradas e versadas em muitas artes da vida; elas mesmas fizeram tudo isso e, naquele tempo, eram as maiores e mais poderosas nações do mundo. O que elas são agora? Súditas ou dependentes de tribos cujos antepassados perambulavam pelas florestas quando os seus próprios antepassados tinham palácios magníficos e templos grandiosos, mas sobre os quais o costume exercia apenas um domínio dividido com a liberdade e o progresso.

Parece que um povo pode progredir por um certo período de tempo e depois parar. Quando ele para? Quando deixa de possuir individualidade. Se uma mudança semelhante ocorresse nas nações da Europa, não seria exatamente da mesma forma: o despotismo do costume que ameaça essas nações não é certamente o estado estacionário. Esse despotismo proscreve a singularidade, mas não impede a mudança, desde que todos mudem juntos. Nós descartamos os trajes fixos de nossos antepassados; todos ainda devem se vestir como as outras pessoas, mas a moda pode mudar uma ou duas vezes por ano. Assim, quando há uma mudança, cuidamos para que seja em consideração à própria mudança e não por alguma ideia de beleza ou comodidade, pois a mesma ideia de beleza ou comodidade não ocorre a todos ao mesmo tempo e, noutro momento, também não é posta de lado por todos ao mesmo tempo. Contudo, somos seres em progresso e também sujeitos à mudança: criamos continuamente novas invenções na forma de coisas mecânicas e as mantemos até que sejam substituídas novamente por melhores; somos ávidos por melhorias na política, na educação e até na conduta moral, embora nesta última nossa ideia de melhoria consista principalmente em persuadir ou forçar os outros a serem tão bons quanto nós. Não é ao progresso que nos opomos; pelo contrário, nos vangloriamos por sermos o povo mais voltado ao progresso que já existiu. É a individualidade que combatemos: consideramos que teríamos feito maravilhas se tivéssemos nos tornado todos iguais, esquecendo que a diferença entre uma pessoa e outra é geralmente a primeira coisa que chama a atenção, seja para a imperfeição de uma e a superioridade da outra, seja para a possibilidade, ao combinar as vantagens mútuas, de produzir algo melhor do que uma ou outra. O exemplo da China serve de alerta: uma nação de muito talento e, sob alguns aspectos, até de sabedoria, devido à rara boa sorte de ter sido provida num período inicial com um conjunto particularmente bom de costumes, por obra, até certo ponto, de homens aos quais até o europeu mais esclarecido deve conceder, sob certos limites, o título de sábios e filósofos. Os chineses também são notáveis na excelência de seu aparato para gravar, na medida do possível, a melhor sabedoria que possuem em todas as mentes da comunidade, assegurando que aqueles que mais se apropriaram desse saber ocupem os cargos de honra e poder. Sem dúvida, as pessoas que fizeram isso descobriram o segredo da capacidade humana de progresso e deveriam ter se mantido firmemente no comando do movimento do mundo. Mas, pelo contrário, ficaram estacionárias e permaneceram assim por milênios; e se algum dia fizerem novos progressos, será por meio de estrangeiros. Elas tiveram um êxito além de todas as expectativas naquilo que os filantropos ingleses estão se esforçando de modo tão laborioso: em criar um povo onde todos são iguais, todos regendo seus pensamentos e suas condutas pelas mesmas máximas e regras, e os frutos são esses. O regime moderno da opinião pública é de forma desorganizada aquilo que os sistemas políticos e educacionais chineses são de forma organizada; e, a menos que a individualidade consiga se afirmar com sucesso contra esse jugo, a Europa, não obstante seus nobres antecedentes e seu professo cristianismo, tenderá a se tornar outra China.

Até agora, o que tem preservado a Europa desse destino? O que tornou a família de nações europeias uma parcela em melhoramento da humanidade, em vez de estacionária? Não foi nenhuma excelência superior nessas nações, que, quando existe, existe como efeito e não como causa. Foi, sim, sua notável diversidade de caráter e cultura. Os indivíduos, as classes e as nações têm sido bastante distintos: chegaram a uma grande variedade de caminhos, cada qual levando a algo valioso; e, embora em todos os períodos aqueles que percorreram caminhos diferentes tenham sido mutuamente intolerantes, e cada qual pensasse que seria excelente se todos os demais fossem obrigados a percorrer seu caminho, suas tentativas de frustrar o desenvolvimento mútuo raramente tiveram algum sucesso permanente, e cada qual, no devido tempo, suportou receber o bem oferecido pelos outros. Em minha opinião, a Europa deve seu desenvolvimento gradual e multilateral a essa pluralidade de caminhos. Contudo, já começa a ter esse benefício em grau consideravelmente menor. Decididamente, a Europa está avançando rumo ao ideal chinês de tornar todas as pessoas iguais. Em sua última obra importante, o sr. de Tocqueville observa que os franceses de hoje são muito mais parecidos entre si do que antes, até mesmo da última geração. Num grau muito maior, a mesma observação poderia ser feita em relação aos ingleses.

Num trecho já citado de Wilhelm von Humboldt, ele aponta duas coisas como condições necessárias ao desenvolvimento humano, já que são necessárias para tornar as pessoas diferentes entre si: a liberdade e a variedade de situações. Na Inglaterra, a segunda dessas condições está diminuindo diariamente. As circunstâncias que cercam as diferentes classes e indivíduos e moldam seus caracteres estão se tornando, dia a dia, mais assemelhadas. Anteriormente, as diferentes posições sociais, os diferentes bairros, os diferentes ofícios e profissões viviam no que se podia chamar de mundos diferentes; atualmente, vivem em grande medida no mesmo mundo. Em comparação, agora leem as mesmas coisas, ouvem as mesmas coisas, veem as mesmas coisas, vão aos mesmos lugares, têm suas esperanças e seus medos dirigidos aos mesmos objetos, possuem os mesmos direitos e as mesmas liberdades e os mesmos meios de reivindicá-los. Por maiores que sejam as diferenças de posição remanescentes, não são nada em relação àquelas que deixaram de existir. E o igualamento ainda prossegue. Todas as mudanças políticas da época promovem-no, visto que todas tendem a elevar o baixo e a rebaixar o alto. Todas as ampliações da educação o promovem, porque a educação submete as pessoas a influências comuns, dando-lhes acesso ao estoque geral de fatos e sentimentos. A melhoria nos meios de comunicação o promove, colocando habitantes de lugares distantes em contato e mantendo um fluxo rápido de mudanças de residências entre um lugar e outro. O incremento do comércio e das manufaturas o promove, por difundir mais amplamente as vantagens das fáceis circunstâncias e por abrir todos os objetos de ambição, mesmo os mais elevados, à concorrência geral, pela qual o desejo de ascensão não se torna mais o atributo de uma classe específica, mas de todas as classes. Um agente mais poderoso do que todos esses para viabilizar uma semelhança geral entre a humanidade é a instituição completa, neste e em outros países livres, da ascendência da opinião pública no Estado. À medida que as várias posições sociais elevadas, que permitiam às pessoas entrincheiradas nelas desconsiderarem a opinião da multidão, vão nivelando-se aos poucos; à medida que a própria ideia de resistir à vontade do público, quando se sabe positivamente que ele possui uma vontade, desaparece cada vez mais das mentes dos políticos pragmáticos, deixa de existir qualquer apoio social para a inconformidade, qualquer poder substantivo da sociedade que, opondo-se à superioridade numérica, se interesse em tomar sob sua proteção opiniões e tendências divergentes das do público.

A combinação de todas essas causas cria um volume tão grande de influências hostis à individualidade, que não é fácil ver a maneira pela qual esta pode manter terreno. Poderá mantê-lo com dificuldades crescentes, a menos que a parte inteligente do público seja levada a sentir seu valor, vendo que é bom que existam diferenças, mesmo que não sejam para melhor, mesmo que algumas, aparentemente para essa parte do público, sejam para pior. Se as reivindicações de Individualidade devem ser expressas, o momento é agora, quando ainda falta muito para concluir o igualamento forçado. É somente nos estágios iniciais que qualquer resistência contra a usurpação pode ser empreendida com sucesso. A exigência de que todas as outras pessoas se assemelhem a nós cresce com aquilo que a alimenta. Se a resistência esperar até que a vida esteja reduzida *praticamente* a um único tipo uniforme, todos os desvios desse tipo passarão a ser considerados ímpios, imorais e até monstruosos e contrários à natureza. Se a humanidade se desacostumar por algum tempo a vislumbrar a diversidade, rapidamente se tornará incapaz de concebê-la.

CAPÍTULO 4

Dos limites da autoridade da sociedade sobre o indivíduo

ENTÃO, QUAL É O LIMITE LEGÍTIMO DA SOBERANIA DO indivíduo sobre si mesmo? Onde começa a autoridade da sociedade? Quanto da vida humana deve ser atribuído à individualidade e quanto à sociedade?

Cada uma receberá a proporção adequada se possuir aquilo que lhe interessa mais especialmente. À individualidade deve pertencer a parte da vida em que o indivíduo é o principal interessado; à sociedade, a parte em que a sociedade é a principal interessada.

Embora a sociedade não se assente num contrato, e embora nenhum bom propósito seja atendido por meio da invenção de um contrato a fim de se deduzir obrigações sociais dele, todo aquele que recebe a proteção da sociedade deve uma retribuição pelo benefício, e o fato de viver em sociedade torna indispensável que cada um se obrigue a observar uma certa linha de conduta em relação aos outros. Em primeiro lugar, essa conduta consiste em não prejudicar os interesses de outro; ou, melhor, certos interesses que, por disposição legal expressa ou por entendimento tácito, devem ser considerados como direitos; e, em segundo lugar, em assumir cada um a sua parte (a ser definida conforme algum princípio equitativo) de tarefas e sacrifícios contraídos para defender a sociedade ou seus membros de danos e molestamentos. Justifica-se à sociedade impor essas condições a qualquer preço àqueles que se empenham na recusa de cumpri-las. E isso não é tudo que a sociedade pode fazer. Os atos de um indivíduo podem ser prejudiciais aos outros, ou carecerem da devida consideração pelo bem-estar deles, sem chegar a violar qualquer de seus direitos constituídos. Então, o ofensor pode ser merecidamente punido pela opinião, embora não pela lei. No momento em que qualquer parte da conduta de uma pessoa afeta prejudicialmente os interesses dos outros, a sociedade tem jurisdição sobre ela, e abre-se a discussão acerca de se o bem-estar geral será ou não fomentado com isso. Mas não há espaço para considerar essa questão quando a conduta da pessoa não afeta os interesses de ninguém além de si mesma, ou não precisa afetá-los a menos que as pessoas assim o desejem (sendo todas as pessoas afetadas maiores de idade e com grau de entendimento normal). Em todos esses casos, deve haver completa liberdade jurídica e social de praticar a ação e suportar as consequências.

 Seria um grande equívoco supor que se trata de uma doutrina de indiferença egoísta, pretendendo que os seres humanos não tenham nada a ver com a conduta dos outros e que não devam se preocupar com o comportamento virtuoso ou com o bem-estar dos outros, a menos que o seu próprio interesse esteja envolvido. Em vez de qualquer diminuição, há necessidade de um grande aumento do esforço neutro para promover o bem dos outros. Porém, a benevolência sem interesses pessoais pode encontrar outros instrumentos para persuadir as pessoas em direção ao seu bem, em vez de chicotes e flagelos, quer sejam literais, quer sejam metafóricos. Sou a última pessoa a subestimar as virtudes pessoais; só estão em segundo lugar, se estão mesmo, em relação às virtudes sociais. De maneira igual, cabe à educação cultivar ambas. Mas mesmo a educação funciona por convicção e persuasão, e também por coerção, e é somente pelas duas primeiras que, quando o período educacional fica para trás, as virtudes pessoais deveriam ser inculcadas. Os seres humanos se devem ajuda mútua para reconhecer entre o melhor e o pior e incentivo mútuo para escolher o primeiro e evitar o segundo. Deveriam estar sempre incentivando-se uns aos outros para aumentar o exercício de suas faculdades superiores e para melhorar a direção de seus sentimentos e propósitos para objetos e contemplações que sejam sábios em vez de tolos, que elevem em vez de degradar. Mas nem uma única pessoa, nem qualquer número de pessoas, está autorizada a dizer a outra criatura humana em idade madura que ela não deve fazer com sua vida o que escolher fazer para seu próprio benefício. Ela é a pessoa mais interessada em seu próprio bem-estar. O interesse que qualquer outra pessoa, exceto em casos de forte ligação pessoal, possa ter por isso é insignificante, em comparação com aquele que ela própria tem; o interesse que a sociedade tem por ela individualmente (exceto sobre sua conduta em relação aos outros) é ínfimo e totalmente indireto; enquanto, no que diz respeito aos próprios sentimentos e circunstâncias, o homem ou a mulher mais comuns têm meios de conhecimento que superam imensamente aqueles que alguém mais possa ter. A interferência da sociedade para invalidar o julgamento e os propósitos daquilo que só diz respeito à pessoa se baseia em suposições gerais, que podem estar totalmente erradas e, mesmo que estejam certas, provavelmente são mal aplicadas a casos individuais por pessoas não mais bem familiarizadas com as circunstâncias desses casos do que aquelas que as observam simplesmente sem nenhum conhecimento. Portanto, nessa área dos assuntos humanos, a individualidade possui seu campo de ação apropriado. Na conduta dos seres humanos entre si é necessário que as regras gerais sejam observadas na maior parte, a fim de que as pessoas saibam o que devem esperar: mas, nos interesses de cada pessoa, sua espontaneidade individual tem direito ao livre exercício. Considerações para ajudar seu julgamento e exortações para fortalecer sua vontade podem ser oferecidas à pessoa, até mesmo impostas sobre ela, mas ela mesma é o juiz final. Todos os erros que ela tenderá a cometer em oposição a conselhos e advertências são superados em alto grau pelo mal de permitir que os outros a obriguem ao que consideram ser para o seu bem.

Não quero dizer que os sentimentos com que uma pessoa é considerada pelas outras não sejam de modo algum afetados por suas qualidades ou deficiências pessoais; isso não é possível nem desejável. Se a pessoa se destaca em qualquer qualidade que conduza ao seu próprio bem, ela é objeto de devida admiração. Está muito mais próxima da perfeição ideal da natureza humana. Se for excessivamente deficiente nessas qualidades, um sentimento oposto à admiração a acompanhará. Há um grau de insensatez e um grau que pode ser chamado (embora a expressão não seja incensurável) de baixeza ou depravação do gosto, que, embora não justifique causar dano à pessoa que a manifeste, torna-a necessária e propriamente objeto de aversão ou, em casos extremos, até de desprezo; uma pessoa não pode ter as qualidades opostas com a devida força sem acolher esses sentimentos. Apesar de não fazer mal a ninguém, a pessoa pode agir de modo a nos obrigar a julgá--la e achá-la tola ou de condição inferior; e como esse julgamento e esse sentimento são fatos que ela preferiria evitar, presta-lhe um serviço quem a adverte de antemão a respeito disso, assim como a respeito de qualquer outra consequência desagradável a qual ela se exponha. De fato, seria um bem que esse bom serviço fosse prestado muito mais francamente do que permitem as atuais noções comuns de polidez, e que uma pessoa pudesse mostrar honestamente a outra que aquela pensa que esta está errada, sem ser considerada grosseira ou presunçosa. De diversas maneiras, temos o direito de agir de acordo com nossa opinião desfavorável em relação a qualquer um, não com o intuito de oprimir sua individualidade, mas no exercício da nossa. Por exemplo, não somos obrigados a procurar sua companhia; temos o direito de evitá-la (embora sem exibir a rejeição), pois temos o direito de escolher a companhia mais aceitável para nós. Temos o direito, e talvez o dever, de alertar os outros contra essa pessoa, se considerarmos seu exemplo ou sua conversa propensos a ter um efeito pernicioso sobre aqueles a quem se associa. Podemos preferir prestar bons serviços a outras pessoas em vez de a ela, exceto aqueles que tendem ao seu aprimoramento. Nessas várias maneiras, uma pessoa pode sofrer penalidades muito severas nas mãos de outros por faltas que envolvam diretamente apenas ela, mas ela sofre essas penalidades somente na medida em que são consequências naturais e, por assim dizer, espontâneas das faltas em si mesmas, e não porque sejam intencionalmente infligidas sobre ela visando ao castigo. Uma pessoa que mostra imprudência, obstinação, arrogância, que não consegue viver com meios moderados, que não consegue refrear vícios prejudiciais, que busca prazeres animais à custa dos prazeres dos sentimentos e do intelecto, não pode deixar de esperar ser rebaixada na opinião dos outros e ter uma proporção menor dos seus sentimentos favoráveis; mas não tem o direito de reclamar disso, a menos que tenha merecido a benevolência deles pela excelência especial de suas relações sociais e assim estabelecido o direito de merecer os bons serviços deles, o qual não é afetado por seus deméritos em relação a si mesmo.

O que sustento é que as inconveniências estritamente inseparáveis do julgamento desfavorável dos outros são as únicas a que uma pessoa deve ser submetida por causa daquela parte de sua conduta e de seu caráter que concerne ao seu próprio bem, mas que não afeta os interesses dos outros em sua relação com ela. Os atos prejudiciais aos outros exigem tratamento totalmente distinto. A invasão do direito dos outros; a imposição de qualquer perda ou dano não justificado por seus próprios direitos; a falsidade ou o logro ao lidar com os outros; o recurso a vantagens indevidas ou mesquinhas sobre os outros; até mesmo a abstenção egoísta de defender os outros contra danos são objetos adequados de reprovação moral e, em casos graves, de punição e desforra moral. E não só essas ações, mas também as disposições que levam a elas são propriamente imorais e objetos adequados de desaprovação que podem chegar à aversão. Uma disposição cruel; a malícia e a maldade; a inveja, a mais antissocial e odiosa de todas as paixões; a dissimulação e a insinceridade; a irritabilidade sem causa suficiente e o ressentimento desproporcional à provocação; o gosto de dominar os outros; o desejo de levar mais vantagens do que os outros (a pleonexia dos gregos); o orgulho que obtém satisfação com a humilhação dos outros; o egotismo que considera que a própria pessoa e suas preocupações são mais importantes que todo o resto e decide todas as questões duvidosas em seu favor: são todos vícios morais e constituem um caráter moral mau e odioso, ao contrário das faltas pessoais mencionadas anteriormente, que não são propriamente imoralidades e, independentemente do tom que possam atingir, não constituem maldade. Podem ser provas de insensatez ou de falta de dignidade pessoal e autorrespeito, mas são objeto de reprovação moral apenas quando envolvem uma quebra de dever em relação aos outros, em prol do qual o indivíduo é obrigado a cuidar de si mesmo. Os chamados deveres para conosco não são socialmente obrigatórios, a menos que as circunstâncias os tornem simultaneamente deveres para com os outros. A expressão dever para consigo mesmo, quando significa algo mais do que prudência, significa autorrespeito ou autoaperfeiçoamento e ninguém precisa prestar contas aos seus semelhantes em relação a nenhum deles, porque responsabilizar a pessoa em relação a algum deles não faz nenhum bem para a humanidade.

A distinção entre perda de consideração, a que uma pessoa pode merecidamente ficar sujeita por falta de prudência ou de dignidade pessoal, e reprovação, que lhe cabe por uma violação contra os direitos dos outros, não é uma distinção meramente nominal. Representa uma grande diferença em nossos sentimentos e também em nossa conduta em relação à pessoa, seja em nos desagradar em coisas que consideramos ter o direito de controlar nela, seja em coisas em que sabemos não o ter. Se a pessoa nos desagrada, podemos expressar nosso desgosto e nos mantermos afastados, assim como nos mantemos afastados de uma coisa que nos desagrada, mas não podemos, desse modo, nos sentir convocados a tornar sua vida desconfortável. Devemos refletir que ela já suporta, ou suportará, todo o ônus de seu erro; se ela estraga sua vida por desgoverno, não devemos, por essa razão, desejar estragá-la ainda mais: em vez de querer castigá-la, devemos preferir nos empenhar em aliviar seu castigo, mostrando-lhe como pode evitar ou curar os males que sua conduta tende a lhe causar. Ela pode ser para nós objeto de pena, talvez de antipatia, mas não de raiva ou ressentimento; não a tratemos como inimiga da sociedade. O pior que podemos nos justificar a fazer é deixá-la entregue a si mesma, se não interferirmos com benevolência, demonstrando interesse ou preocupação por ela. É muito diferente se ela infringiu as regras necessárias para a proteção de seus semelhantes, em termos individuais ou coletivos. De tal modo, as consequências nocivas de seus atos não recaem sobre ela, mas sobre os outros; e a sociedade, como protetora de todos os seus membros, deve praticar retaliações;

deve lhe infligir sofrimento com o propósito expresso de punição e deve cuidar para que esta seja suficientemente severa. Nesse caso, a pessoa é a ofensora em nosso tribunal, e somos convocados não só para julgá-la; mas, de uma forma ou de outra, a executar a nossa sentença. No caso anterior, não nos cabe lhe infligir qualquer sofrimento, exceto o que pode casualmente derivar do uso da mesma liberdade na regulação dos nossos assuntos que concedemos à pessoa nos seus.

Muitos se recusarão a admitir a distinção aqui apontada entre a parte da vida de uma pessoa que diz respeito apenas a ela mesma e aquela que diz respeito aos outros. Como, pode-se perguntar, alguma parte da conduta de um membro da sociedade pode ser uma questão indiferente aos outros membros? Ninguém é um ser totalmente isolado; é impossível que uma pessoa faça algo séria ou permanentemente prejudicial a si mesma sem que o dano alcance pelo menos suas relações próximas e muitas vezes muito além delas. Se a pessoa prejudica seus bens, atinge aqueles que, direta ou indiretamente, obtêm sustento deles e geralmente diminui, em maior ou menor grau, os recursos gerais da comunidade. Se ela deteriora suas faculdades físicas ou mentais, não só causa mal a todos que dependiam dela para qualquer parcela de sua felicidade, mas também se desqualifica para prestar os serviços que deve aos seus semelhantes em geral; talvez se torne um fardo para a afeição ou a benevolência deles; e se essa conduta for muito frequente, dificilmente qualquer outra ofensa que seja cometida reduziria mais a soma geral do bem. Por fim, se com seus vícios ou tolices a pessoa não causa danos diretos aos outros, mesmo assim, pode-se dizer, ela é nociva por seu exemplo, e deve ser obrigada a se controlar, em consideração àqueles cuja visão ou cujo conhecimento de tal conduta poderia corromper ou desencaminhar.

E, pode-se acrescentar, mesmo que as consequências da má conduta se limitem ao indivíduo vicioso ou imprudente, a sociedade deve abandonar à sua própria orientação aqueles que são manifestamente incapazes disso? Se a proteção contra si mesmos é reconhecidamente devida a crianças e menores de idade, a sociedade não é igualmente obrigada a proporcioná-la a pessoas maduras que são igualmente incapazes de autogoverno? Se o jogo, a embriaguez, a intemperança, a ociosidade ou a falta de asseio são tão prejudiciais à felicidade e um grande obstáculo ao aprimoramento quanto a maioria ou muitos dos atos proibidos por lei, por que, pode-se perguntar, a lei não deve, na medida em que esteja em consonância com a viabilidade e a conveniência social, empenhar-se também em reprimi-los? E como aditamento às imperfeições inevitáveis da lei, a opinião não deveria pelo menos organizar uma polícia poderosa contra esses vícios e punir rigidamente com penalidades sociais aqueles que sabidamente os praticam? Não há dúvida aqui, pode-se dizer, sobre restringir a individualidade ou de impedir a tentativa de experiências novas e originais no modo de viver. As únicas coisas que se procura impedir são coisas que foram testadas e condenadas desde o começo do mundo até hoje em dia; as coisas que a experiência demonstrou não serem úteis nem adequadas à individualidade de qualquer pessoa. Deve haver algum espaço de tempo e grau de experiência após os quais uma verdade moral ou prudencial possa ser considerada como estabelecida, sendo meramente desejada para impedir que geração após geração caia no mesmo precipício que foi fatal para as gerações anteriores.

Admito plenamente que o dano que uma pessoa causa a si mesma pode afetar seriamente, por meio de suas afinidades e de seus interesses, aqueles que se relacionam intimamente com ela e, em menor grau, a sociedade em geral. Quando a pessoa, por esse tipo de conduta, é levada a violar uma obrigação definida e atribuível a outra pessoa ou outras pessoas, o caso é removido da categoria pessoal e se torna passível de desaprovação moral no sentido próprio do termo. Se, por exemplo, um homem, por intemperança ou extravagância, torna-se incapaz de pagar suas dívidas ou, tendo assumido a responsabilidade moral por uma família, torna-se pelos mesmos motivos incapaz de sustentá-la ou educá-la, ele vira alvo de merecida reprovação e pode ser justamente punido, mas é pela quebra do dever para com sua família ou credores, e não por extravagância. Se os recursos que deveriam ter sido dedicados a eles fossem desviados para um investimento mais prudente, a culpabilidade moral teria sido a mesma. George Barnwell assassinou o tio para conseguir dinheiro para a amante, mas se ele tivesse feito isso para constituir um negócio, teria sido enforcado do mesmo jeito. Da mesma forma, no caso frequente de um homem que causa aflição à família pela dependência aos maus hábitos, ele merece reprovação por sua grosseria ou ingratidão; mas também a mereceria por cultivar hábitos que não são viciosos em si mesmos, mas penosos para aqueles com quem ele passa sua vida ou para aqueles que, por laços pessoais, dependem dele para seu bem-estar. Quem falta à consideração, geralmente devido aos interesses e sentimentos dos outros, sem ser obrigado por algum dever mais imperativo ou justificado por preferência pessoal admissível, é objeto de desaprovação moral por essa falta, mas não pela causa dela, nem pelos erros meramente individuais de si mesmo, que podem ter remotamente levado a isso. Da mesma maneira, quando uma pessoa, por conduta meramente pessoal, fica incapacitada do cumprimento de algum dever claro incumbido a si em relação ao público, ela é culpada de um delito social. Nenhuma pessoa deve ser punida simplesmente por estar embriagada, mas um soldado ou um policial devem ser punidos por estarem embriagados em serviço. Em resumo, sempre que há um dano claro ou risco de dano claro, seja ao indivíduo, seja ao público, o caso é removido da alçada da liberdade e colocado no da moralidade ou da lei.

Contudo, em relação ao dano meramente contingente ou, como pode ser chamado, construtivo que uma pessoa causa à sociedade, por conduta que não viola nenhum dever específico em relação ao público, nem ocasiona prejuízo perceptível a qualquer indivíduo assinalável, exceto a si mesmo, trata-se de inconveniência que a sociedade pode se dar ao luxo de suportar em benefício do bem maior da liberdade humana. Se pessoas adultas merecem ser punidas por não tomarem cuidado adequado de si mesmas, preferiria que fosse em consideração a elas mesmas, e não sob o pretexto de impedi-las de prejudicar sua capacidade de prestar à sociedade benefícios que esta não alega ter o direito de exigir. No entanto, não posso aquiescer em sustentar essa ideia como se a sociedade não tivesse meios de elevar seus membros mais fracos ao seu padrão comum de conduta racional, a não ser esperar até que façam algo irracional e então puni-los por isso, de modo legal ou moral. A sociedade teve poder absoluto sobre eles durante toda a parte inicial de suas vidas: teve todo o período da infância e da menoridade para tentar torná-los capazes de uma conduta racional na vida. A geração existente é responsável tanto pela formação como por todas as circunstâncias da geração por vir; de fato, não consegue torná-la completamente sábia e boa, porque, lamentavelmente, ela mesma é desprovida de bondade e sabedoria, e seus melhores esforços nem sempre são, em casos individuais, os mais bem-sucedidos; mas é plenamente capaz de tornar a geração jovem, em geral, tão boa e até um pouco melhor do que ela mesma. Se a sociedade deixa que um número considerável de seus membros cresça como meras crianças, incapazes de agir de acordo com o exame racional de motivos distantes, a própria sociedade é culpada pelas consequências. Munida não só com todos os poderes da educação, mas também com a ascendência que a autoridade de uma opinião vigente exerce sobre as mentes menos capacitadas a julgar por si mesmas, e auxiliada pelas penalidades naturais que não podem ser impedidas de recair sobre aqueles que incorrem na aversão ou no desprezo daqueles que os conhecem, não é cabível deixar a sociedade alegar, além de tudo isso, ainda precisar do poder de expedir ordens e impor obediência em relação aos assuntos pessoais dos indivíduos, em que, conforme todos os princípios de justiça e prudência, a decisão deve caber aos que arcam com as consequências.

Tampouco há algo que tenda mais a desacreditar e frustrar os melhores meios de influenciar a conduta do que recorrer aos piores meios. Se, entre aqueles a quem se tenta coagir à prudência ou à temperança, houver alguém com o conteúdo de que são feitos os caracteres mais vigorosos e independentes, com certeza ele se rebelará contra o jugo. Alguém assim jamais sentirá que os outros têm o direito de controlá-lo em seus assuntos, como têm de impedi-lo que os prejudique nos assuntos deles; e facilmente vem a ser considerado como sinal de energia e coragem opor-se a essa autoridade usurpada e fazer de modo ostensivo exatamente o contrário do que é prescrito, como foi o caso da repugnância que, na época de Carlos II, seguiu-se à fanática intolerância moral dos puritanos. Em relação ao que é dito sobre a necessidade de proteger a sociedade do mau exemplo imposto aos outros pelos viciosos ou por aqueles que se permitem excessos, é verdade que o mau exemplo pode ter um efeito pernicioso, principalmente o exemplo de fazer mal aos outros impunemente. Mas agora estamos falando de conduta, que, embora não cause mal aos outros, pode causar grande dano ao próprio agente: e não vejo de que modo quem acredita nisso não considera que o exemplo, em geral, será mais salutar do que prejudicial, uma vez que, se ele mostrar a má conduta, também mostra as consequências penosas ou degradantes que, se a conduta for merecidamente censurada, terão de existir em todos ou quase todos os casos concomitantes.

Contudo, o argumento mais forte contra a interferência do público na conduta puramente pessoal é que, quando interfere, as probabilidades são que interfira de modo errado e no lugar errado. Em questões de moral social, de dever para com os outros, a opinião do público, isto é, de uma maioria dominante, apesar de muitas vezes errada, ainda tende mais frequentemente a estar certa, pois em tais questões essa maioria só é requerida a julgar seus próprios interesses e de que maneira algum modo de conduta, se puder ser exercido, os impactaria. Porém, a opinião de uma maioria similar, imposta como lei sobre a minoria, em questões de conduta pessoal, tem a mesma probabilidade de estar certa ou errada, pois, nesses casos, a opinião pública significa, na melhor das hipóteses, a opinião de algumas pessoas do que é bom ou ruim para outras pessoas, embora muitas vezes nem sequer signifique isso, já que o público, com a mais absoluta indiferença, passa por cima do prazer ou da conveniência daqueles cuja conduta é censurada e considera apenas suas próprias preferências. Muitos consideram uma ofensa a si mesmos qualquer conduta que lhes desagrade e consideram isso como um ultraje aos seus sentimentos; como o fanático religioso, quando acusado de desprezar os sentimentos religiosos de outros, ficou conhecido por replicar que eles desprezavam seus sentimentos, persistindo na devoção ou no credo abominável deles. Mas não há equivalência entre o sentimento de uma pessoa por sua própria opinião e o sentimento de outra que se ofende com a manutenção da opinião pela primeira; não mais do que entre o desejo de um ladrão de roubar uma bolsa e o desejo de quem a possui por direito de conservá-la. E o gosto de uma pessoa é tanto assunto seu como é sua opinião ou sua bolsa. É fácil para qualquer um imaginar um público ideal que deixa imperturbada a liberdade e a escolha dos indivíduos em todos os assuntos incertos e só requer que eles se abstenham de modos de conduta condenados pela experiência universal. Mas onde já se viu um público que fixasse tais limites à sua censura? Ou desde quando o público se incomoda com a experiência universal? Em suas interferências na conduta pessoal, raramente pensa em algo que não seja a vilania de agir e pensar de maneira diferente da dele; e esse padrão de julgamento, pouco disfarçado, é apresentado à humanidade como imposição da religião e da filosofia por nove entre dez de todos os moralistas e escritores especulativos. Eles ensinam que as coisas são certas porque são certas e porque sentimos que são. Dizem-nos para procurar em nossa própria mente e coração as leis de conduta que regem a nós e a todos os outros. O que o pobre público pode fazer senão seguir essas instruções e tornar seus próprios sentimentos do bem e do mal, se forem toleravelmente unânimes entre eles, obrigatórios para todo o mundo?

 O mal aqui apontado não é aquele que existe apenas na teoria, e talvez seja de se esperar que eu especifique os casos em que o público de nossa época e de nosso país devota indevidamente suas próprias preferências ao caráter das leis morais. Não estou escrevendo um ensaio sobre as aberrações do sentimento moral existente. Esse é um assunto muito importante para ser discutido entre parênteses e a título de ilustração. Porém, exemplos são necessários para mostrar que o princípio que sustento é de grande importância prática e que não estou me empenhando em erguer uma barreira contra males imaginários. E não é difícil mostrar por meio de diversos casos que a ampliação dos limites do que se pode chamar de policiamento moral, chegando até a invadir a liberdade mais inquestionavelmente legítima do indivíduo, é uma das propensões humanas mais universais.

Como primeiro caso, consideremos as antipatias que os homens alimentam sem melhor fundamento do que o fato de que as pessoas cujas opiniões religiosas são diferentes das deles não praticam suas observâncias religiosas, sobretudo suas abstinências religiosas. Para citar um exemplo bastante trivial, nada no credo ou na prática dos cristãos aumenta mais o ódio dos maometanos contra eles do que o consumo de carne de porco. Poucas coisas os cristãos e europeus encaram com repulsa mais sincera do que a que os muçulmanos sentem por esse modo específico de satisfazer a fome. É, em primeiro lugar, uma ofensa contra sua religião; mas essa circunstância não explica de forma alguma o grau ou o tipo da repugnância, pois sua religião também proíbe o vinho e todos os muçulmanos consideram errado, mas não repugnante, compartilhá-lo. Ao contrário, a aversão à carne do "animal impuro" possui aquele caráter singular, semelhante a uma antipatia instintiva, que a ideia de impureza, quando penetra totalmente nos sentimentos, parece sempre despertar, mesmo naqueles cujos hábitos pessoais são tudo menos escrupulosamente asseados, e que o sentimento de impureza religiosa, tão intenso nos hindus, é um exemplo notável. Suponhamos agora um povo, de maioria muçulmana, e que essa maioria insistisse em não permitir o consumo de carne de porco nos limites do país. Isso não seria nenhuma novidade em países maometanos.[9] Seria um exercício legítimo de autoridade moral da opinião pública? E se não, por que não? A prática é realmente revoltante para esse povo. Também pensam sinceramente que é proibido e abominado pela divindade. Tampouco a proibição poderia ser censurada como perseguição religiosa. Pode ter origem religiosa, mas não seria perseguição por motivos religiosos, já que nenhuma religião impõe o dever de comer carne de porco. O único fundamento sustentável de condenação seria que o público não deve interferir nos gostos e assuntos pessoais dos indivíduos.

Para chegar mais perto de nós: a maioria dos espanhóis considera uma flagrante impiedade, ofensiva ao mais alto grau, cultuar o Ser Supremo de qualquer outra maneira que não seja a católica apostólica romana, e nenhum outro culto público é legal em solo espanhol. Os povos de toda a Europa Meridional consideram o casamento do clero não só irreligioso, mas também impuro, indecente, vulgar, repugnante. O que os protestantes pensam desses sentimentos perfeitamente sinceros e da tentativa de impô-los contra os não católicos? No entanto, se a humanidade tem justificativa para interferir na liberdade de cada um em coisas que não dizem respeito aos interesses dos outros, com base em que princípio é possível excluir consistentemente esses casos? Ou quem pode culpar as pessoas por desejarem suprimir o que consideram um escândalo aos olhos de Deus e do homem? Nenhum caso mais expressivo pode ser mostrado de proibição do que se considera imoralidade pessoal do que aquele feito para suprimir essas práticas aos olhos dos que as consideram impiedades; e a menos que estejamos dispostos a adotar a lógica dos perseguidores e dizer que podemos perseguir os outros porque estamos certos, e que eles não devem nos perseguir porque estão errados, devemos ter o cuidado de não admitir um princípio que sentiríamos como uma grande injustiça se aplicado a nós mesmos.

Os casos precedentes podem ser contestados, embora de modo ilógico, pelo fato de que foram extraídos de contingências impossíveis entre nós: em nosso país, a opinião não tende a impor a abstinência de carnes ou a interferir no culto das pessoas ou na opção entre casamento e celibato de acordo com o credo ou a inclinação. O próximo exemplo, porém, será extraído de uma interferência na liberdade, cujo perigo de forma alguma passou para nós. Onde quer que os puritanos sejam suficientemente poderosos, como na Nova Inglaterra e na Grã-Bretanha na época da

Commonwealth of England (comunidade da Inglaterra 1649-1660) eles se empenharam com considerável sucesso em suprimir todos os entretenimentos públicos e quase todos os privados, sobretudo a música, a dança, os jogos públicos, o teatro ou outras reuniões com fins de diversão. Em nosso país, ainda existe um grande contingente de pessoas com noções de moralidade e religião que condenam essas recreações, e essas pessoas pertencem principalmente à classe média, que é o poder ascendente na presente conjuntura social e política do reino, não sendo impossível que pessoas com tais sentimentos possam obter a maioria no Parlamento em algum momento ou outro. Como o restante da comunidade se sentirá em relação a ter os entretenimentos que lhes serão permitidos regulados pelos sentimentos religiosos e morais dos calvinistas e metodistas mais rígidos? Com considerável peremptoriedade, não desejarão que esses membros intrusivamente devotos da sociedade tratem de suas próprias vidas? É exatamente isso que deveria ser dito a qualquer governo e qualquer público que tenha a pretensão de que ninguém desfrute de qualquer prazer que eles considerem errado. No entanto, se o princípio da pretensão for admitido, ninguém poderá objetar razoavelmente que esse princípio seja guiado no sentido da maioria ou de outro poder preponderante no país; e todas as pessoas deverão estar prontas a se adaptar à ideia de uma comunidade cristã, como entendida pelos primeiros colonos da Nova Inglaterra, se uma fé religiosa semelhante à deles tiver êxito algum dia em reconquistar seu terreno perdido, como ocorreu muitas vezes com religiões que se supunha estarem em declínio.

Imaginemos outra possibilidade, talvez mais provável de acontecer do que a antes mencionada. Reconhecidamente, há uma tendência forte no mundo moderno para uma constituição democrática da sociedade, acompanhada ou não por instituições políticas populares. Afirma-se que no país onde essa tendência se concretizou de modo mais completo, onde tanto a sociedade quanto o governo são mais democráticos — os Estados Unidos —, o sentimento da maioria, para quem qualquer aparência de um estilo de vida mais ostentoso ou dispendioso do qual possam esperar se comparar é desagradável, funciona como uma lei suntuária toleravelmente eficaz, e que, em muitos lugares da União, é realmente difícil para uma pessoa que possua uma renda elevada encontrar alguma forma de gastá-la sem ficar sujeita à desaprovação popular. Embora essas afirmações sejam, sem dúvida, uma representação muito exagerada dos fatos existentes, a situação que descrevem não é apenas um resultado concebível e possível, mas também provável do sentimento democrático, somado com a noção de que o público tem o direito de vetar a maneira pela qual os indivíduos gastam suas rendas. Temos apenas que supor ainda uma considerável difusão de opiniões socialistas e que pode se tornar infame aos olhos da maioria possuir mais bens do que uma quantia muito pequena ou ter uma renda não auferida por meio de trabalho manual. As opiniões semelhantes em princípio a essas já prevalecem amplamente entre a classe dos artesãos e são um peso opressor sobre aqueles que são receptivos principalmente à opinião daquela classe; isto é, de seus próprios membros. Sabe-se que os maus trabalhadores que constituem a maioria dos operários, em muitos setores da indústria, são decididamente da opinião de que os maus trabalhadores devem receber os mesmos salários que os bons, e que ninguém, por meio do trabalho por empreitada ou outro qualquer, deve poder ganhar mais, por maior habilidade ou dedicação, que os outros desprovidos de tais atributos. E eles empregam um policiamento moral, que de vez em quando se torna físico, para dissuadir os trabalhadores mais hábeis de receber, e os empregadores de pagar, uma remuneração maior por um serviço mais útil. Se o público possui alguma jurisdição sobre questões privadas, não consigo ver como essas pessoas estariam em falta ou como qualquer público específico de um indivíduo poderia ser criticado por impor a mesma autoridade sobre sua conduta individual que o público em geral impõe sobre o povo em geral.

Contudo, sem nos estendermos sobre casos hipotéticos, atualmente há grandes usurpações da liberdade da vida privada sendo praticadas e outras ainda maiores ameaçam com alguma expectativa de sucesso, e também existem opiniões propostas que reivindicam o direito ilimitado do público não só de proibir por lei tudo o que considera errado, mas também de proibir uma série de coisas que admite serem inocentes a fim de chegar ao que considera errado.

Em nome de prevenir a intemperança, o povo de uma colônia inglesa e de quase metade dos Estados Unidos foi proibido por lei de fazer qualquer uso de bebidas fermentadas, exceto para fins médicos, pois a proibição de sua venda é de fato, como pretendia ser, a proibição de seu uso. E, embora a impraticabilidade de fazer cumprir a lei tenha causado sua revogação em diversos estados que a adotaram, incluindo aquele do qual deriva seu nome, uma tentativa foi iniciada e é levada a cabo com considerável zelo por muitos dos filantropos professos para incitar uma lei semelhante em nosso país. A associação ou a "Aliança", como ela mesma se designa, que se formou para esse fim adquiriu alguma notoriedade por meio da publicidade dada a uma correspondência entre seu secretário e um dos poucos homens públicos ingleses que sustentam que as opiniões de um político devem se basear em princípios. Nessa correspondência, a parte de lorde Stanley é calculada para reforçar as esperanças já depositadas nele por aqueles que sabem quão raras infelizmente são essas qualidades, como se manifestam em algumas de suas aparições públicas entre aqueles que figuram na vida política. O agente da Aliança, que "deplora profundamente o reconhecimento de qualquer princípio que possa ser distorcido para justificar o fanatismo e a perseguição", encarrega-se de apontar a "ampla e intransponível barreira" que separa esses princípios e os da associação. "Todas as questões relativas ao pensamento, à opinião, à consciência me parecem", ele afirma, "estar fora da esfera da legislação; todas pertencentes aos atos, hábitos e relações sociais, sujeitas somente a um poder discricionário investido no próprio Estado, e não no indivíduo, dentro da esfera".

Nenhuma menção é feita a uma terceira categoria, diferente dessas duas, a saber, atos e hábitos que não são sociais, mas individuais, embora seja a essa categoria que, sem dúvida, pertence o ato de consumir bebidas fermentadas. No entanto, a venda de bebidas fermentadas é uma atividade comercial, e o comércio é um ato social. Mas a infração de que se reclama não é da liberdade do vendedor, mas a do comprador e consumidor, já que o Estado pode proibi-lo de beber vinho, intencionalmente impossibilitando-o de obtê-lo. Contudo, o secretário afirma: "Como cidadão, reivindico o direito de legislar sempre que meus direitos sociais são invadidos pelo ato social de outro". E agora, pois, a definição desses "direitos sociais": "Se algo invade meus direitos sociais, é certamente a comercialização de bebidas fortes. Destrói meu direito primário de segurança, criando e estimulando constantemente a desordem social. Invade meu direito de igualdade, obtendo lucro da criação de uma miséria que sustento por meio da tributação. Impede meu direito de livre desenvolvimento moral e intelectual, cercando meu caminho de perigos, e enfraquecendo e desmoralizando a sociedade, da qual tenho o direito de reivindicar ajuda mútua e intercâmbio." Uma teoria dos "direitos sociais" que provavelmente jamais foi apresentada antes em linguagem tão marcante, sendo nada menos que isto: é direito social absoluto de todo indivíduo que todos os outros indivíduos ajam em todos os aspectos exatamente como ele agiria; que todo aquele que falhar no menor detalhe viola meu direito social e me autoriza a exigir da legislatura a remoção da queixa. Um princípio tão monstruoso é muito mais perigoso do que qualquer interferência isolada na liberdade; não há violação da liberdade que esse princípio não justificaria; não reconhece nenhum direito a qualquer liberdade, exceto talvez a de manter opiniões em segredo, sem jamais revelá-las, pois, no momento em que uma opinião que considero nociva escapa da boca de alguém, invade todos os "direitos sociais" atribuídos a mim pela Aliança. A doutrina atribui a toda a humanidade um interesse estabelecido na perfeição moral, intelectual e até física de cada um, a ser definida por cada requerente de acordo com seu próprio padrão.

Outro exemplo importante de interferência ilegítima na liberdade legítima do indivíduo, não fruto de simples ameaça, mas que há muito tempo se levou a efeito de modo triunfante, é a legislação sabatista. Sem dúvida, a abstinência em um dia da semana, tanto quanto permitido pelas exigências da vida, do trabalho diário usual, ainda que não seja obrigatória em termos religiosos para ninguém, exceto aos judeus, é um costume altamente benéfico. E na medida em que esse costume só pode ser observado com o consentimento geral para esse fim entre as classes industriosas, visto que algumas pessoas, ao trabalhar, podem impor a mesma necessidade a outros, pode ser admissível e justo que a lei assegure a todos a observância do costume por alguns, suspendendo as principais operações da atividade industrial em um dia específico. No entanto, essa justificativa, baseada no interesse direto que os outros têm na observância de cada indivíduo dessa prática, não se aplica às atividades escolhidas pelas próprias pessoas, nas quais podem julgar conveniente usar seu tempo livre; e tampouco se aplica, nem no menor grau, nas restrições legais sobre as atividades de entretenimento. É verdade que o entretenimento de alguns é dia de trabalho para outros; mas o prazer, para não dizer a recreação útil, de muitos vale o trabalho de poucos, desde que a atividade seja escolhida livremente e se possa livremente renunciar a ela. Os operários estão totalmente certos em pensar que, se todos trabalhassem aos domingos, o trabalho de sete dias teria de ser prestado em troca do pagamento de seis dias; mas, enquanto a grande massa de atividades profissionais fica suspensa, o pequeno número dos que, para o prazer dos outros, ainda precisam trabalhar, ganha um aumento proporcional em sua renda, e estes não são obrigados a cumprir essas atividades se preferirem o descanso ao emolumento. Caso se procure outra solução, pode ser encontrada na instituição do costume de uma folga em algum outro dia da semana para essas classes específicas de pessoas. Portanto, o único motivo de defesa das restrições aos divertimentos de domingo é o de que são religiosamente errados, motivo de legislação que jamais é exagerado protestar contra. *Deorum injuriae Diis curae* [ofensas aos deuses serão remediadas pelos deuses]. Resta provar que a sociedade ou qualquer um de seus dignitários recebeu a incumbência divina de vingar qualquer suposta ofensa à Onipotência que também não seja um erro aos nossos semelhantes. A noção de que é dever de um homem que o outro seja religioso foi a base de todas as perseguições religiosas já perpetradas e, se admitida, as justificaria totalmente. Embora o sentimento irrompido nas frequentes tentativas de suspender as viagens de trem aos domingos, na resistência à abertura dos museus e coisas similares não tenha a crueldade dos antigos perseguidores, o estado de espírito indicado por isso é basicamente o mesmo. É uma resolução de não tolerar os outros que fazem o que é permitido por sua religião, porque não é permitido pela religião do perseguidor. É a crença de que Deus não só abomina a ação do herético, mas nos deixará de consciência pesada se não o molestarmos.

Não posso deixar de acrescentar a esses exemplos da pouca importância que se dá à liberdade humana a linguagem de perseguição pura e simples que irrompe na imprensa de nosso país sempre que se sente convocada a noticiar o notável fenômeno do mormonismo. Muito pode ser dito sobre o fato inesperado e instrutivo de que uma suposta nova revelação e uma religião fundada sobre ela, resultado de evidente impostura, nem sequer apoiada pelo prestígio das extraordinárias qualidades de seu fundador, é objeto de fé de centenas de milhares de pessoas e se tornou a base de uma sociedade na era dos jornais, das ferrovias e do telégrafo elétrico. O que aqui nos interessa é que essa religião, como outras e melhores religiões, possui seus mártires: seu profeta e fundador, por causa de seus ensinamentos, foi morto por uma turba; outros seguidores perderam a vida pela mesma violência sem lei; foram expulsos à força, em grupo, do país em que cresceram; e agora que foram direcionados para um recesso solitário no meio de um deserto, muitos em nosso país declaram abertamente que seria certo (apenas não é conveniente) enviar uma expedição contra eles e obrigá-los pela força a se conformarem com as opiniões de outras pessoas. Na doutrina mórmon, o principal incitante da antipatia que demole as habituais coibições relativas à tolerância religiosa é sua admissão da poligamia, que, embora permitida entre maometanos, hindus e chineses, parece provocar insaciável animosidade quando praticada por pessoas que falam inglês e professam uma espécie de cristianismo. Ninguém desaprova essa instituição mórmon mais profundamente do que eu, tanto por outras razões quanto porque, longe de se apoiar no princípio da liberdade, é uma infração direta desse princípio, sendo mera rebitagem dos grilhões de metade da comunidade e alforria da outra metade da reciprocidade de obrigação em relação à primeira. Contudo, devemos nos lembrar de que essa relação, por parte das mulheres envolvidas nela e que podem ser consideradas vítimas dela, é tão voluntária quanto qualquer outra forma de instituição matrimonial; e por mais surpreendente que esse fato possa parecer, tem explicação nas ideias e nos costumes comuns do mundo que, ao ensinar as mulheres a pensar que o casamento é a única coisa indispensável, torna compreensível que muitas mulheres prefiram ser uma entre diversas esposas a não serem esposas de ninguém. Outros países não são solicitados a reconhecer tais uniões nem liberar uma parcela de seus habitantes do cumprimento de suas leis devido às opiniões mórmons. Todavia, quando os dissidentes cederam aos sentimentos hostis dos outros muito mais do que se poderia exigir com justiça, quando deixaram os países em que suas doutrinas eram inaceitáveis e se estabeleceram num canto remoto da terra, que foram os primeiros a tornar habitável para os seres humanos, é difícil entender sob quais princípios, a não ser os da tirania, pode-se impedi-los de viver ali sob as leis que lhes agradem, desde que não cometam agressões contra outras nações e concedam total liberdade de partida para aqueles insatisfeitos com seus costumes. Um escritor recente, de mérito considerável em alguns aspectos, propõe (para usar suas próprias palavras) não uma cruzada, mas uma *civilizada* contra essa comunidade poligâmica, para pôr fim ao que lhe parece ser um retrocesso na civilização. Também me parece que sim, mas não estou ciente de que uma comunidade tenha o direito de obrigar outra a ser civilizada. Enquanto aqueles que sofrem por causa de leis ruins não invocarem a ajuda de outras comunidades, não posso admitir que pessoas sem qualquer ligação com eles devam intervir e exigir que um estado de coisas, com o qual todos os que estão diretamente interessados parecem estar satisfeitos, tenha um fim porque é um escândalo para pessoas situadas a milhares de quilômetros de distância e que não têm qualquer papel ou interesse nele. Se quiserem, elas que enviem missionários para pregar contra isso e que, por qualquer meio justo (silenciar mestres não é um deles), oponham-se ao avanço de doutrinas semelhantes entre o seu próprio povo. Se a civilização levou a melhor sobre a barbárie quando a barbárie dominava o mundo, é um exagero manifestar receios de que ela, depois de ter sido bastante subjugada, reviva e conquiste a civilização. Uma civilização capaz de sucumbir dessa maneira ao seu inimigo vencido precisaria primeiro se tornar tão degenerada que nem seus mestres e sacerdotes nomeados, nem ninguém mais, teriam a capacidade, ou se dariam ao trabalho, de defendê-la. Sendo assim, quanto mais cedo uma civilização dessas receber um aviso para admitir a derrota, melhor. Só pode ir de mal a pior, até ser destruída e regenerada (como o Império do Ocidente) por bárbaros vigorosos.

CAPÍTULO 5

Aplicações

OS PRINCÍPIOS EXPRESSOS NESTAS PÁGINAS DEVEM SER aceitos de modo mais geral como base para a discussão de detalhes, antes que sua aplicação regular a todas as diversas áreas do governo e da conduta moral possa ser empreendida com alguma perspectiva de vantagem. As poucas observações que proponho fazer quanto a detalhes são criadas para ilustrar os princípios, em vez de segui-los até suas consequências. Não apresento aplicações; mas, sim, amostras de aplicações, que podem servir para tornar mais claro o significado e os limites das duas máximas que, juntas, constituem toda a doutrina deste ensaio e que podem ajudar o julgamento, ao manter o equilíbrio entre elas, nos casos em que pareça questionável qual delas é aplicável para o caso.

As máximas são, primeiro, que o indivíduo não necessita prestar contas à sociedade por suas ações, desde que não digam respeito aos interesses de ninguém, senão aos dele mesmo. Os únicos meios pelos quais a sociedade pode merecidamente expressar desagrado ou desaprovação em relação à sua conduta são o conselho, a instrução, a persuasão e o evitamento de outras pessoas se elas considerarem necessário para seu próprio bem. Segundo, que o indivíduo deve prestar contas das ações que são prejudiciais aos interesses dos outros e pode ficar sujeito à punição social ou legal se a sociedade considerar que uma ou outra é requisito para sua proteção.

Em primeiro lugar, não devemos supor de modo algum que, se o dano, ou a probabilidade de dano, aos interesses dos outros for capaz, por si só, de justificar a interferência da sociedade, tal interferência será sempre justificada. Em muitos casos, um indivíduo, ao perseguir um objetivo legítimo, necessariamente e, portanto, legitimamente, causa dor ou perda aos outros ou intercepta um bem que os outros tinham esperança razoável de obter. Frequentemente, esses conflitos de interesse entre indivíduos surgem de más instituições sociais, mas são inevitáveis enquanto durarem essas instituições; e alguns seriam inevitáveis sob quaisquer instituições. Quem tem sucesso numa profissão muito concorrida ou num exame competitivo; quem é preferido em vez do outro em qualquer disputa por um objeto desejado por ambos colhe benefícios da perda do outro, do esforço que o outro desperdiçou e de sua decepção. Contudo, é de consentimento comum, sendo melhor para o interesse geral da humanidade, que as pessoas persigam, indiferentes, seus objetivos a esse tipo de consequências. Em outras palavras, a sociedade não concede aos concorrentes decepcionados nenhum direito, legal ou moral, de imunidade a esse tipo de sofrimento, e se sente convocada a interferir somente quando se empregarem meios relativos ao sucesso contrários ao que permite o interesse geral; a saber, fraude, traição e força.

Mais uma vez, o comércio é um ato social. Quem se ocupa de vender qualquer tipo de mercadoria ao público faz algo que afeta o interesse das outras pessoas e da sociedade em geral; portanto, sua conduta, em princípio, está sob a jurisdição da sociedade: em consequência, antigamente, em todos os casos visto como importantes, considerava-se dever dos governos fixar os preços e regular os processos de fabricação. Contudo, agora se reconhece, embora só depois de uma longa luta, que tanto o preço baixo quanto a boa qualidade das mercadorias são proporcionados de modo mais eficaz deixando-se os produtores e os vendedores plenamente livres, sob a única garantia de igual liberdade para que os compradores se abasteçam noutro lugar. Essa é a assim chamada doutrina do livre comércio, que se baseia em fundamentos diferentes, mas igualmente sólidos, do princípio da liberdade individual expresso neste ensaio. De fato, as restrições ao comércio ou à produção para fins de comércio são coibições, e toda coibição, enquanto coibição, é um mal: mas as coibições aqui discutidas afetam apenas aquela parte da conduta que a sociedade é competente para coibir e são inadequadas apenas porque não produzem realmente os resultados que se deseja produzir por meio delas. Como o princípio da liberdade individual não está envolvido na doutrina do Livre Comércio, tampouco está na maioria das questões que se originam relativamente aos limites dessa doutrina. Por exemplo, qual grau de controle público é admissível para a prevenção de fraude por adulteração; até que ponto as precauções ou medidas sanitárias para proteger os trabalhadores empregados em atividades de risco devem ser impostas aos empregadores. Tais questões envolvem considerações sobre liberdade apenas na medida em que deixar as pessoas agirem por si mesmas é sempre melhor, *caeteris paribus* [tudo o mais constante], do que controlá-las. Porém, em princípio, é inegável que elas possam ser legitimamente controladas para esses fins. Por outro lado, há questões relativas à interferência no comércio que são basicamente questões de liberdade, como a Lei Maine (lei suntuária), já mencionada, a proibição da importação de ópio para a China, a restrição da venda de venenos. Em resumo, todos os casos em que o objetivo da interferência é impossibilitar ou dificultar a obtenção de uma mercadoria específica. Essas interferências são censuráveis, não como violações à liberdade do produtor ou do vendedor, mas à do comprador.

Um desses exemplos, o da venda de venenos, abre uma nova questão: os limites adequados do que pode ser chamado de funções de polícia. Até que ponto a liberdade pode ser legitimamente invadida para a prevenção de crimes ou de acidentes? Uma das funções indiscutíveis do governo é se precaver contra o crime antes que seja cometido, e também de investigá-lo e puni-lo depois. No entanto, a função preventiva do governo está muito mais propensa a abusos em prejuízo da liberdade do que à função punitiva, pois quase não há aspecto da legítima liberdade de ação de um ser humano que não possa ser representado, e muito justamente, como incrementador de facilidades para uma outra forma de delinquência. Não obstante, se uma autoridade pública ou mesmo uma pessoa comum vir alguém preparando-se para cometer um crime, não é obrigada a permanecer imóvel até que o crime seja cometido, mas pode interferir para impedi-lo. Se os venenos só fossem adquiridos ou usados para o cometimento de assassinatos, seria correto proibir sua fabricação e venda. Porém, eles podem ser procurados não só para finalidades inocentes, mas também para finalidades úteis, e restrições não podem ser impostas em um caso sem agir no outro. Mais uma vez, é função adequada da autoridade pública a prevenção contra acidentes. Se um servidor público ou qualquer outro indivíduo visse uma pessoa tentando atravessar uma ponte que foi avaliada como insegura, e não houvesse tempo para avisá-la do perigo, poderia agarrá-la sem qualquer violação real de sua liberdade, pois liberdade consiste em fazer o que se deseja, e aquela pessoa não deseja cair no rio. No entanto, quando não há certeza, mas apenas risco de dano, ninguém exceto a própria pessoa pode julgar a suficiência do motivo que a impeliria a incorrer no risco: portanto, nesse caso (a menos que seja uma criança, ou alguém delirante, ou em algum estado de agitação ou concentração incompatível com o pleno uso da faculdade de reflexão), entendo que a pessoa deveria ser apenas alertada do perigo, e não impedida pela força de se expor a ele. Considerações semelhantes, aplicadas a uma questão como a venda de venenos, podem nos habilitar a decidir quais entre os possíveis modos de regulação são ou não contrários ao princípio. Por exemplo, uma precaução como a rotulação da droga com alguma palavra que expresse seu caráter perigoso pode ser imposta sem violação da liberdade: o comprador não pode não querer saber que a coisa que ele possui dispõe de qualidades venenosas. Contudo, exigir em todos os casos a receita de um médico tornaria às vezes impossível e sempre custoso obter o produto para usos legítimos.

Para mim, o único modo pelo qual dificuldades podem ser interpostas no caminho do crime cometido mediante esses meios, sem qualquer violação que mereça ser levada em conta da liberdade daqueles que desejam a substância venenosa para outras finalidades, consiste em propiciar aquilo que na linguagem adequada de Bentham denomina-se "prova pré-constituída" (*preappointed evidence*). Essa disposição é familiar a todos no caso de contratos. Quando um contrato é firmado, é usual e correto que a lei exija como condição de seu cumprimento obrigatório a observância de certas formalidades, como assinaturas, declaração de testemunhas e coisas semelhantes, a fim de que, em caso de litígios posteriores, possa haver provas que demonstrem que o contrato foi realmente firmado e que não havia nada nas circunstâncias que neutralizassem sua validade: sendo o efeito interpor grandes obstáculos na forma de contratos fictícios, ou contratos celebrados em circunstâncias que, se conhecidas, destruiriam sua validade. Precauções de natureza semelhante podem ser impostas na venda de produtos ajustados para serem instrumentos de crime. Por exemplo, o vendedor pode ser solicitado a registrar o horário exato da transação, o nome e o endereço do comprador, o tipo vendido e a quantidade exata, e a perguntar a finalidade para a qual o produto foi adquirido e anotar a resposta recebida. Quando não há receita médica, a presença de uma terceira pessoa pode ser necessária para recordar o fato ao comprador, no caso de haver, mais tarde, alguma razão para acreditar que o produto tenha sido empregado para finalidades criminosas. Tais regulamentos em geral não seriam impedimento material para a obtenção do produto, mas um impedimento muito considerável para fazer uso impróprio dele sem detecção.

O direito inerente à sociedade de repelir crimes contra si mediante precauções prévias sugere as óbvias limitações à máxima de que não se pode interferir apropriadamente na má conduta puramente pessoal sob a forma de prevenção ou punição. Por exemplo, os casos comuns de embriaguez não são assunto adequado para a interferência legislativa; mas eu consideraria perfeitamente legítimo que uma pessoa, que já foi condenada por algum ato de violência contra outrem sob a influência do álcool, fosse submetida a uma restrição jurídica especial para o seu caso pessoal; se ele, depois disso, fosse encontrado embriagado, ficaria sujeito a uma penalidade e, se cometesse outro delito nesse estado, a punição a qual ficaria sujeito por esse outro delito seria de maior severidade. Se uma pessoa cuja embriaguez instiga a causar danos aos outros se embebeda, é um crime contra os outros. Assim, de novo, a ociosidade, exceto no caso de uma pessoa sustentada pelo público ou exceto quando constitui uma quebra de contrato, não pode ser sujeitada à punição legal sem tirania; mas se, por ociosidade ou por qualquer outra causa evitável, um homem deixa de cumprir seus deveres legais em relação aos outros, como, por exemplo, sustentar seus filhos, não é tirania forçá-lo a cumprir essa obrigação mediante trabalho compulsório, se nenhum outro meio estiver disponível.

Mais uma vez, há diversos atos que, sendo diretamente prejudiciais somente aos próprios agentes, não devem ser juridicamente interditados, mas que, se feitos em público, são uma transgressão das boas maneiras e, recaindo assim na categoria de delitos contra terceiros, podem ser justificadamente proibidos. Desse tipo são os delitos contra a decência, sobre os quais não é necessário nos determos, pois estão ligados apenas indiretamente ao nosso assunto; é igualmente forte a objeção à publicidade no caso de muitas ações que, em si mesmas, não são condenáveis nem se supõe que sejam.

Há outra questão cuja resposta deve ser encontrada, em consonância com os princípios que foram formulados. Em casos de conduta pessoal que deve ser condenável, mas cujo respeito pela liberdade impede a sociedade de prevenir ou punir, porque o mal diretamente resultante recai inteiramente sobre o agente, aquilo que o agente é livre para fazer, as outras pessoas serão igualmente livres para aconselhar ou fomentar? Essa questão não é isenta de dificuldades. O caso de uma pessoa que incita outra a executar um ato não é exatamente um caso de conduta pessoal. Dar conselhos ou oferecer estímulos a qualquer um é um ato social e pode, portanto, como ações em geral que afetam os outros, ser supostamente passível de controle social. Contudo, uma ligeira reflexão corrige a primeira impressão, mostrando que, se o caso não cabe estritamente na definição de liberdade individual, ainda assim as razões pelas quais se fundamenta o princípio da liberdade individual são aplicáveis a ele. Se as pessoas devem poder, no que diz respeito apenas a elas mesmas, agir conforme o que pareça melhor para si mesmas, por sua própria conta e risco, devem igualmente ser livres para se consultarem mutuamente sobre o que é adequado fazer, para trocarem opiniões e para darem e receberem sugestões. O que quer que seja permitido fazer, deve-se permitir aconselhar-se a fazer. A questão só é duvidosa quando o instigador obtém benefício pessoal de seu conselho; quando torna sua atividade, para subsistência ou ganho pecuniário, o fomento para algo que a sociedade e o Estado consideram um mal. Então, de fato, um novo elemento complicador é introduzido; a saber, a existência de classes de pessoas com interesses contrários ao que se considera como bem-estar público e cujo modo de vida se fundamenta na oposição a ele. Deve-se interferir nisso ou não? Por exemplo, a prostituição deve ser tolerada, assim como os jogos de azar, mas deve a pessoa ser livre para ser um cafetão ou manter uma casa de jogos? Esse é um daqueles casos situados no limite exato entre dois princípios, não sendo imediatamente evidente a qual dos dois pertence propriamente.

Há argumentos de ambos os lados. Do lado da tolerância, pode-se dizer que o fato de ir atrás de qualquer atividade e se sustentar ou lucrar por meio de sua prática não pode tornar crime algo que de outro modo seria admissível; que o ato deveria ser sistematicamente permitido ou sistematicamente proibido; que, se os princípios que temos defendido até agora são verdadeiros, a sociedade não tem o direito, enquanto sociedade, de decidir que algo que diz respeito somente ao indivíduo esteja errado; que não se pode ir além da dissuasão e que uma pessoa deve ser tão livre para persuadir quanto outra é livre para dissuadir. Em oposição a isso, pode-se sustentar que, embora o público ou o Estado não estejam autorizados a decidir com autoridade, para fins de repressão ou punição, se essa ou aquela conduta que afeta apenas os interesses do indivíduo for boa ou má, estão plenamente justificados em supor que, se a consideram má, o fato de ser ou não é no mínimo uma questão discutível: que, isso sendo suposto, não podem estar agindo erroneamente ao se empenhar em excluir a influência de incitações que não são desinteressadas e de instigadores que não podem, de modo algum, ser imparciais; que têm interesse pessoal direto de um lado, sendo esse lado aquele que o Estado acredita estar errado, e que o promovem reconhecidamente apenas para seus objetivos pessoais. Certamente, pode-se preconizar que não se perde nada, não há nenhum sacrifício do bem, ao se hierarquizar questões a respeito das quais as pessoas devem fazer escolhas, sensatas ou tolas, por sua própria iniciativa, tão livres quanto possível das astúcias das pessoas que estimulam suas inclinações para fins de interesse próprio. Assim, pode-se dizer, ainda que os regulamentos relativos aos jogos ilegais sejam totalmente indefensáveis — ainda que todas as pessoas devam ser livres para jogar em suas casas, nas casas de outros ou em qualquer local de reunião estabelecido por meio de afiliação e aberto apenas aos associados e seus visitantes —, ainda assim, as casas de jogo públicas não deveriam ser permitidas. É verdade que a proibição nunca é eficaz e que, qualquer que seja o poder tirânico que possa ser dado à polícia, as casas de jogo podem sempre ser mantidas sob outros pretextos; mas podem ser forçadas a realizar suas atividades com um certo grau de sigilo e mistério, de modo que ninguém saiba nada a respeito delas, exceto aqueles que as procuram; e a sociedade não deve visar mais do que isso.

Há uma força considerável nesses argumentos. Não me arriscarei a decidir se são suficientes para justificar a anomalia moral de punir o acessório, quando o principal pode (e deve) ficar livre; de multar ou prender o cafetão, mas não o fornicador, o dono da casa de jogo, mas não o jogador. Por razões análogas, ainda menos se deve interferir nas operações comuns de compra e venda. Quase todo produto comprado e vendido pode ser usado em excesso, e os vendedores têm interesse pecuniário em estimular esse excesso; mas nenhum argumento pode se fundamentar nisso em favor, por exemplo, da Lei Maine, porque a classe de comerciantes de bebidas fortes, embora interessada no uso abusivo do produto, é indispensavelmente necessária para que haja o consumo legítimo. O interesse desses comerciantes em promover a intemperança é um mal real e justifica que o Estado imponha restrições e exija garantias que, não fosse essa justificativa, infringiriam a liberdade legítima.

Outra questão é se o Estado deve, mesmo permitindo, desencorajar indiretamente a conduta que considera contrária aos melhores interesses do agente; se, por exemplo, deve tomar medidas para tornar os meios de se embriagar mais dispendiosos ou aumentar a dificuldade de obter bebidas fortes limitando o número de pontos de venda. Nessa, como em diversas outras questões práticas, muitas distinções precisam ser feitas. A tributação de estimulantes com o único propósito de dificultar sua obtenção é uma medida que se difere apenas em grau de sua proibição total, e só se justificaria se isso fosse justificável. Todo aumento de gasto é uma proibição para aqueles cujos meios não estão à altura do aumento do preço; para aqueles que estão, é uma penalidade imposta a eles para satisfazer um gosto específico. Os prazeres escolhidos e o modo de gastar sua renda, depois de satisfazer suas obrigações legais e morais em relação ao Estado e aos indivíduos, dizem respeito só a eles e devem se fundamentar em seu julgamento próprio. À primeira vista, essas considerações podem dar a impressão de condenar a escolha de estimulantes como objetos especiais de tributação para fins de arrecadação. No entanto, deve-se lembrar que a tributação com fins fiscais é absolutamente inevitável; que na maioria dos países é necessário que uma parte considerável dessa tributação seja indireta; que o Estado, portanto, não pode deixar de impor penalidades, que para algumas pessoas podem ser proibitivas, sobre o uso de alguns bens de consumo. Por isso, é dever do Estado considerar, na imposição de impostos, quais mercadorias os consumidores podem dispensar sem grande dificuldade; e, *a fortiori* (com razão mais forte), selecionar de preferência aquelas cujo uso além de uma quantidade muito moderada considera absolutamente prejudicial. Assim, a tributação de estimulantes até o ponto em que gera o máximo de arrecadação (supondo que o Estado necessite de toda a arrecadação propiciada) não só é admissível, mas também deve ser aprovada.

A questão de tornar a venda dessas mercadorias um privilégio mais ou menos exclusivo deve ser respondida de maneira distinta, de acordo com os propósitos aos quais a restrição pretende estar subordinada. Todos os locais de diversão pública exigem coibição policial, e especialmente locais desse tipo, porque delitos contra a sociedade são sobretudo propensos a se originarem neles. Portanto, é adequado limitar a competência de vender essas mercadorias (pelo menos para consumo no local) a pessoas de conduta conhecida ou de respeitabilidade atestada, regulamentar os horários de abertura e fechamento conforme possa ser requerido pela vigilância pública e retirar a licença de funcionamento se perturbações da ordem pública ocorrerem repetidamente por conivência ou incapacidade do proprietário do estabelecimento, ou se se tornar um ponto de encontro para tramar e elaborar delitos contra a lei. Em princípio, não concebo ser justificável qualquer outra restrição. Por exemplo, a limitação da quantidade de casas que vendem cervejas ou destilados, com a finalidade expressa de dificultar o acesso a bebidas e reduzir as chances de tentação, não só provoca uma inconveniência a todos por causa de alguns que abusariam da facilidade, como também satisfaria apenas um estado da sociedade em que as classes trabalhadoras são tratadas manifestamente como crianças ou selvagens, e submetidas a uma educação de coibição, para enquadrá-las em um futuro ingresso aos privilégios da liberdade. Esse não é o princípio sobre o qual as classes trabalhadoras são aparentemente governadas em qualquer país livre, e ninguém que dá o devido valor à liberdade estará de acordo com esse modo de governá-las, senão depois que tenham se exaurido todas as iniciativas para educá-las para a liberdade e governá-las como pessoas livres, e tenha sido definitivamente provado que elas só podem ser governadas como crianças. A simples assertiva de alternativa revela o absurdo de supor que tais iniciativas foram feitas em qualquer caso a ser aqui considerado. É só porque as instituições desse país são um amontoado de inconsistências que se admitem em nossa prática coisas que pertencem ao sistema de governo despótico, ou chamado de paternal, enquanto a liberdade geral de nossas instituições impede o exercício do grau de controle necessário para que a coibição tenha qualquer eficácia real como educação moral.

Assinalamos numa parte inicial deste ensaio que a liberdade do indivíduo, em coisas em que o indivíduo é o único interessado, implica uma liberdade correspondente de qualquer quantidade de indivíduos para regular por acordo mútuo coisas que lhes dizem respeito conjuntamente e dizem respeito a mais ninguém além deles mesmos. Essa questão não apresenta dificuldades, desde que a vontade de todas as pessoas envolvidas permaneça inalterada. Porém, visto que essa vontade pode mudar, costuma ser necessário, mesmo em coisas que só dizem respeito a elas, que firmem compromissos mútuos; e quando fazem isso, é adequado, como regra geral, que esses compromissos sejam mantidos. Contudo, provavelmente nas leis de todos os países, essa regra geral apresenta algumas exceções. Não só as pessoas não se obrigam a compromissos que violam os direitos de terceiros, mas também às vezes considera-se razão suficiente para liberá-las de um compromisso que lhes seja prejudicial. Neste e na maioria dos outros países civilizados, por exemplo, o compromisso pelo qual uma pessoa se venderá ou permitirá ser vendida como escrava é nulo e sem efeito, não imposto por lei nem por opinião. O fundamento para limitar seu poder de dispor voluntariamente de seu destino na vida é evidente, sendo visto com muita clareza nesse caso extremo. A razão para não se interferir nos atos voluntários de uma pessoa, a menos que por causa dos outros, é a consideração por sua liberdade. Sua escolha voluntária é prova de que aquilo que ela escolhe lhe é desejável ou, pelo menos suportável e, em geral, seu bem é melhor provido ao se permitir que adote seus próprios meios de buscá-lo. No entanto, ao se vender como escravo, o indivíduo abdica de sua liberdade; abre mão de qualquer uso futuro dela depois desse ato isolado. Portanto, em seu caso, anula a própria finalidade que é a justificativa de lhe permitir dispor de si mesmo. Já não é mais livre; mas, desde então, fica numa posição em que não tem mais a presunção em seu favor que seria proporcionada por sua permanência voluntária nela. O princípio da liberdade não pode exigir que ele seja livre para não ser livre. Poder alienar sua liberdade não é liberdade. Essas razões, cuja força é tão clara nesse caso específico, evidentemente são de aplicação muito mais ampla; todavia, por toda parte, lhes é imposto um limite pelas necessidades da vida, que exigem continuamente não que renunciemos à nossa liberdade, mas que consintamos a essa ou a outra limitação a ela. Porém, o princípio que exige liberdade de ação sem controle em tudo o que diz respeito apenas aos próprios agentes requer que os que se ligaram mutuamente, em coisas que não dizem respeito a terceiros, sejam capazes de se liberar mutuamente do compromisso; e, mesmo sem essa liberação voluntária, talvez não haja contratos ou compromissos, exceto aqueles que se relacionam a dinheiro ou ao valor deste, dos quais alguém se arrisque a dizer que não deve haver liberdade independentemente de retratação.

O barão Wilhelm von Humboldt, no excelente ensaio que já mencionei algumas vezes, expõe sua convicção de que os compromissos que envolvem serviços ou relações pessoais nunca deveriam ser legalmente obrigatórios além de um período limitado de tempo; e que o mais importante desses compromissos, o casamento, com a peculiaridade de que seus objetivos se frustram a menos que os sentimentos de ambas as partes estejam em harmonia com eles, não deveria requerer nada mais do que a vontade declarada de uma das partes para dissolvê-lo. Esse assunto é muito importante e muito complexo para ser discutido sucintamente, e só o abordo até onde for necessário para fins ilustrativos. Se a concisão e as considerações gerais da dissertação do barão Humboldt não o tivessem obrigado, nesse caso, a se contentar em enunciar sua conclusão sem discutir as premissas, com certeza ele teria reconhecido que a questão não pode ser decidida em bases tão simples como aquelas a que ele se restringe. Quando uma pessoa, seja por promessa clara, seja por conduta, encoraja outra a confiar que vai continuar a agir de certa maneira — para forjar expectativas e cálculos, e sustentar alguma parte de seu projeto de vida sobre essa suposição —, resulta uma nova série de obrigações morais de sua parte em relação àquela outra pessoa, que talvez até possam ser revogadas, mas não podem ser ignoradas. E, de novo, se a relação entre as duas partes contratantes resulta em consequências para os outros; se coloca terceiros em alguma posição singular ou, como no caso do casamento, até gera o nascimento de terceiros, surgem obrigações de ambas as partes contratantes em relação a essas terceiras pessoas, cujo cumprimento, ou, em todo caso, o modo de cumprimento é bastante afetado pela continuidade ou interrupção da relação entre as partes originais do contrato. Não resulta, nem posso admitir, que essas obrigações cheguem a exigir o cumprimento do contrato a todo custo, em contraposição à felicidade da parte relutante; mas são um elemento indispensável na questão; e mesmo que, como Humboldt sustenta, não devam fazer qualquer diferença na liberdade jurídica das partes para liberá-las do compromisso (e também sustento que não devem fazer muita diferença), necessariamente fazem uma grande diferença na liberdade moral. Uma pessoa é obrigada a levar em conta todas essas circunstâncias antes de decidir dar um passo que possa afetar interesses tão importantes de outros; e se ela não conceder peso adequado a esses interesses, é moralmente responsável pelo erro. Fiz esses comentários óbvios para melhor ilustrar o princípio geral da liberdade, e não porque são absolutamente necessários na questão específica que, pelo contrário, geralmente é discutida como se o interesse das crianças fosse tudo e o interesse das pessoas adultas não fosse nada.

Já observei que, devido à ausência de qualquer princípio geral reconhecido, a liberdade costuma ser concedida quando deveria ser negada, e negada quando deveria ser concedida; e um dos casos em que, no mundo europeu moderno, o sentimento de liberdade é o mais forte, trata-se de um caso que, a meu ver, é totalmente inapropriado. Uma pessoa deve ser livre para fazer o que quiser em seus próprios assuntos, mas não deve ser livre para fazer o que quiser ao agir por outra pessoa sob o pretexto de que os assuntos dessa outra pessoa são seus próprios assuntos. O Estado, embora respeite a liberdade de cada um especialmente no que lhe diz respeito, é obrigado a manter um controle vigilante sobre o exercício de algum poder que lhe deu permissão de posse sobre os outros. Essa obrigação é quase inteiramente desprezada no caso das relações familiares; um caso, em sua influência direta sobre a felicidade humana, mais importante do que todos os outros juntos. Não precisamos nos alongar aqui sobre o poder quase despótico dos maridos sobre as esposas, porque para a remoção completa do mal basta que as esposas tenham os mesmos direitos e recebam a proteção da lei da mesma maneira, como todas as outras pessoas; e porque, nesse assunto, os defensores da injustiça estabelecida não se valem do apelo da liberdade, mas se identificam abertamente como defensores do poder. É no caso dos filhos que as noções mal aplicadas de liberdade são um obstáculo real para que o Estado cumpra seus deveres. Poderiam quase pensar que os filhos de um homem deveriam ser literalmente, e não metaforicamente, uma parte dele, tão zelosa é a opinião referente à mínima interferência da lei em seu controle absoluto e exclusivo sobre os filhos; mais zelosa do que em relação a quase qualquer interferência em sua própria liberdade de ação: portanto, a humanidade em geral valoriza muito menos a liberdade do que o poder. Consideremos, por exemplo, o caso da educação. Não é um axioma quase evidente que o Estado deveria exigir e forçar a educação até determinado nível de todo ser humano que nasce como seu cidadão? Mas existe alguém que não tem medo de reconhecer e expressar essa verdade? De fato, dificilmente alguém negaria que um dos deveres mais sagrados dos pais (ou do pai, como a lei e a prática agora sustentam), depois de trazer um ser humano ao mundo, é dar a ele uma educação que o prepare para desempenhar bem o seu papel na vida em relação aos outros e a si mesmo. Porém, embora isso seja declarado unanimemente como dever paterno, quase ninguém em nosso país suportará ouvir algo que o obrigue a executá-lo. Em vez de se exigir que o pai faça qualquer esforço ou sacrifício para assegurar educação ao filho, deixa-se à sua escolha aceitar ou não a educação propiciada gratuitamente! Ainda não se reconhece que trazer um filho ao mundo sem uma perspectiva satisfatória de poder lhe propiciar não só alimento para o corpo, mas também instrução e aprendizado para a mente, é um crime moral, tanto contra o infortunado rebento quanto contra a sociedade; e que, se o progenitor não cumprir essa obrigação, o Estado deverá zelar pelo seu cumprimento, tanto quanto possível às custas do progenitor.

Se fosse admitido outrora o dever de impor a educação universal, teriam fim as dificuldades sobre o que e como o Estado deve ensinar, que agora convertem o assunto num mero campo de batalha entre seitas e partidos, fazendo o tempo e o trabalho que deveriam ser gastos em educar ser desperdiçados em bate-bocas sobre educação. Se o governo tomasse a decisão de exigir uma boa educação para todas as crianças, poderia se poupar do problema de fornecê-la. Deixaria aos pais a questão de obter a educação onde e como quisessem e se contentaria em ajudar a pagar as mensalidades escolares das crianças de classes mais pobres e em custear todas as despesas escolares daqueles que não têm ninguém mais para pagar por elas. As objeções que se apregoam com razão contra a educação do Estado não se aplicam à imposição da educação pelo Estado, mas sim ao fato de o Estado atribuir a si a direção dessa educação, o que é uma coisa totalmente diferente. Chego como qualquer um a desaprovar que toda ou grande parte da educação do povo deva ficar nas mãos do Estado. Tudo o que se disse sobre a importância da individualidade do caráter e da diversidade de opiniões e modos de conduta envolve, com a mesma inexprimível importância, a diversidade da educação. Uma educação geral a cargo do Estado é um mero artifício para moldar as pessoas a serem umas exatamente iguais às outras, e como o molde usado é aquele que agrada o poder predominante no governo, seja um monarca, seja um sacerdócio, uma aristocracia ou a maioria da geração existente, estabelece, na razão direta de sua eficiência e sucesso, um despotismo sobre a mente, levando por tendência natural a um despotismo sobre o corpo. Uma educação instituída e controlada pelo Estado só deve existir, se existir, como uma entre diversas experiências concorrentes, conduzida como exemplo e estímulo para que as demais mantenham um certo padrão de excelência. A não ser, é verdade, que a sociedade em geral se encontre num estágio tão atrasado que não possa ou não queira propiciar por si mesma instituições de educação adequadas sem que o governo assuma tal tarefa. O governo, então, pode tomar a tarefa para si: assim, de fato, como o menor de dois grandes males, pode se responsabilizar pelas escolas e universidades, como faz no caso das empresas mistas, quando não existe no país uma empresa privada capaz de realizar grandes obras da indústria. Mas, em geral, se o país possui um número suficiente de pessoas qualificadas para oferecer educação sob os auspícios do governo, as mesmas pessoas teriam capacidade e disposição para oferecer uma educação igualmente boa como voluntárias, com a garantia de remuneração proporcionada por uma lei que tornasse a educação obrigatória, combinada com o auxílio do Estado para aqueles incapazes de custear as despesas.

O instrumento para impor obediência à lei só poderia ser o exame público, estendido a todas as crianças, começando numa idade prematura. Uma idade poderia ser definida na qual todas as crianças deveriam ser examinadas, para avaliar se conseguem ler. Se a criança se mostrasse incapaz, o pai, a menos que tivesse alguma justificativa razoável, poderia ficar sujeito a uma módica multa, a ser executada, se necessário, por meio de trabalho, e a criança seria colocada na escola às custas dele. Uma vez por ano, o exame voltaria a ser realizado, com uma gama de assuntos que aumentaria gradualmente, de modo a tornar praticamente obrigatória a aquisição universal e, além disso, a retenção de um nível mínimo de conhecimento geral. Além desse mínimo, haveria exames voluntários sobre todos os assuntos, e todos que alcançassem determinado grau de proficiência poderiam solicitar um certificado. Para impedir que o Estado exercesse, por meio desses arranjos, uma influência imprópria sobre a opinião, o conhecimento requerido para a aprovação em um exame (para além das partes meramente instrumentais do conhecimento, tais como línguas e seu uso) deveria, mesmo nas categorias de exames mais avançadas, limitar-se exclusivamente aos fatos e à ciência positiva. Os exames de religião, política ou outros tópicos polêmicos não girariam em torno da verdade ou falsidade das opiniões, mas sobre a questão de fato de que essa ou aquela opinião é defendida por tais motivos e por tais autores, escolas ou igrejas.

Sob esse sistema, a geração mais jovem não ficaria em estado pior do que a atual em relação às verdades polêmicas; seus membros seriam criados como anglicanos ou dissidentes como são agora, e o Estado cuidaria apenas de que fossem anglicanos instruídos ou dissidentes instruídos. Nada impediria que aprendessem religião, se seus pais preferissem, nas mesmas escolas onde aprenderiam outras coisas. Todas as tentativas do Estado de influenciar as conclusões de seus cidadãos sobre assuntos polêmicos são más. Contido, ele pode, com muita propriedade, oferecer-se para verificar e certificar que uma pessoa possui o conhecimento necessário para tornar dignas de atenção suas conclusões, sobre qualquer dado assunto. Um estudante de filosofia ficaria em melhores condições de fazer um exame tanto sobre Locke quanto sobre Kant, quer siga um ou o outro, quer não siga nenhum dos dois, e não há objeção razoável para um ateu não ser examinado sobre as provas do cristianismo, desde que ele não seja obrigado a professar crença nelas. No entanto, do meu ponto de vista, os exames nos ramos superiores do conhecimento deveriam ser totalmente voluntários. Seria dar um poder bastante perigoso para os governos se eles pudessem excluir qualquer um das profissões liberais, mesmo da profissão de professor, por suposta deficiência de qualificações: penso, seguindo Wilhelm von Humboldt, que os diplomas ou outros certificados públicos de aptidões científicas ou profissionais deveriam ser concedidos a todos os que se apresentam para os exames e são aprovados neles, mas que tais certificados não deveriam conferir vantagem sobre os concorrentes, a não ser o peso que lhes possa ser atribuído ao seu testemunho pela opinião pública.

Não é só em matéria de educação que noções inapropriadas de liberdade impedem as obrigações morais dos pais de serem reconhecidas e as obrigações legais de serem impostas, sendo que sempre existem as razões mais fortes para o primeiro caso e também em muitos casos para o segundo. O fato em si de gerar a existência de um ser humano é uma das ações de maior responsabilidade no âmbito da vida humana. Tomar para si a responsabilidade — conceder uma vida que pode ser uma maldição ou uma bênção —, a menos que o ser a quem a vida seja concedida tenha pelo menos as chances normais de uma existência desejável, é um crime contra esse ser. E, num país superpovoado, ou ameaçado disso, gerar filhos além de um número muito pequeno, com o impacto de reduzir a remuneração do trabalho por meio da concorrência, é um delito grave contra todos que vivem da remuneração de seu trabalho. As leis que, em muitos países do continente, proíbem o casamento a menos que as partes consigam demonstrar que possuem os meios de sustentar uma família, não excedem os poderes legítimos do Estado: e quer essas leis sejam adequadas ou não (uma questão que depende principalmente das circunstâncias e dos sentimentos locais), não são censuráveis como violações da liberdade. Tais leis são interferências do Estado para proibir um ato pernicioso — um ato prejudicial aos outros, que deve ser objeto de reprovação e de estigma social, mesmo quando não se considera conveniente adicionar uma punição legal. No entanto, as ideias correntes de liberdade, que se curvam tão facilmente a reais violações da liberdade do indivíduo em coisas que dizem respeito apenas a ele, repeliriam a tentativa de coibir suas inclinações quando a consequência de sua satisfação é uma vida ou diversas vidas de infelicidade e depravação para os filhos, com diversos males para aqueles que estiverem suficientemente próximos para ser afetados por suas ações. Quando comparamos o estranho respeito da humanidade pela liberdade com sua estranha falta de respeito por ela, podemos imaginar que um homem tem o inalienável direito de causar dano aos outros e nenhum direito de satisfazer a si mesmo sem causar sofrimento a alguém.

Reservei para o fim uma ampla categoria de questões relativas aos limites da interferência do governo, que, embora intimamente ligados ao tema deste ensaio, a rigor não fazem parte dele. São casos em que as razões contra a interferência não giram em torno do princípio da liberdade; a questão não envolve coibir as ações dos indivíduos, mas ajudá-los: pergunta-se se o governo deve fazer ou obrigar que seja feito algo em benefício deles, em vez de deixar que isso seja feito por eles mesmos, individualmente ou em associação voluntária.

As objeções à interferência do governo, quando não há qualquer violação da liberdade, podem ser de três tipos.

A primeira é quando a coisa a ser feita tende a ser mais bem-feita pelos indivíduos do que pelo governo. De modo geral, não há ninguém tão apto para conduzir um negócio, ou determinar como ou por quem será conduzido, do que aqueles que têm interesse pessoal nele. Esse princípio condena as interferências, outrora tão comuns, do legislativo ou do executivo, nos processos normais da indústria. Contudo, essa parte do assunto foi suficientemente tratada pelos economistas políticos e não está especialmente relacionada aos princípios deste ensaio.

A segunda objeção tem uma ligação mais próxima com o nosso assunto. Em muitos casos, embora os indivíduos, na média, possam não fazer tão bem uma coisa específica como os servidores públicos, mesmo assim é desejável que seja feito por eles, e não pelo governo, como meio para sua própria educação mental: uma maneira de fortalecer as faculdades ativas, de exercer o julgamento e de lhes dar conhecimento íntimo dos tópicos com que devem lidar. Essa é uma das principais razões, mas não a única, que recomenda a realização de julgamentos por corpo de jurados (em casos não políticos), a existência de instituições locais e municipais de caráter livre e popular, a direção de empreendimentos industriais e filantrópicos por associações voluntárias. Essas não são questões de liberdade e estão ligadas ao tema apenas por tendências remotas, mas são questões de desenvolvimento. No momento presente, não cabe nos concentrarmos nessas coisas como partes da educação nacional; como constituem, na verdade, a formação específica de um indivíduo e a parte prática da educação política de um povo livre, tirando os indivíduos do estreito círculo do egoísmo pessoal e familiar, acostumando-os à compreensão de interesses conjuntos e à administração de assuntos conjuntos, e os habituando a agir por motivos públicos ou semipúblicos e guiar sua conduta com o fim de uni-los em vez de isolá-los uns dos outros. Sem tais hábitos e poderes, uma constituição livre não pode funcionar nem ser preservada, como exemplifica a natureza muitas vezes transitória da liberdade política em países onde ela não se assenta em bases suficientes de liberdades locais. A gestão de negócios estritamente locais pelas localidades e das grandes empresas industriais pela união daqueles que voluntariamente fornecem os recursos financeiros é ainda mais recomendada por todas as vantagens que foram expostas neste ensaio como pertencentes à individualidade do desenvolvimento e à diversidade dos modos de ação. As operações governamentais tendem a ser iguais em todos os lugares. Por meio de indivíduos e associações voluntárias, pelo contrário, existem experimentos variados e uma diversidade infinita de experiências. O que o Estado pode fazer de forma proveitosa é se tornar um depósito central e um circulador e difusor ativo da experiência resultante de diversos ensaios. Sua obrigação é possibilitar que cada experimentalista se beneficie dos experimentos dos outros, em vez de não permitir nenhum experimento além dos seus.

A terceira e mais convincente razão para restringir a interferência do governo é o grande mal de aumentar desnecessariamente o seu poder. Cada função que se acrescenta àquelas já exercidas pelo governo faz com que sua influência sobre as esperanças e os temores se difunda ainda mais e converta cada vez mais a parte ativa e ambiciosa do público em parasitas do governo ou de algum partido que visa a se tornar governo. Se as estradas, as ferrovias, os bancos, as seguradoras, as grandes sociedades anônimas, as universidades e as instituições beneficentes públicas fossem setores do governo; se, além disso, as corporações municipais e os conselhos locais, com tudo o que agora recai sobre eles, se tornassem departamentos da administração central; se os funcionários de todos esses diferentes empreendimentos fossem nomeados e pagos pelo governo e dependessem do governo para cada promoção na vida, nem toda a liberdade de imprensa e a constituição popular do legislativo tornariam esse ou qualquer outro país livre, salvo no nome. E o mal seria maior quanto mais eficiente e cientificamente a máquina administrativa fosse construída e quanto mais habilidosos fossem os arranjos para obter a mão de obra braçal e intelectual mais qualificada para o trabalho. Na Inglaterra, ultimamente foi proposto que todos os membros do serviço civil do governo fossem selecionados por meio de concursos, com as vagas sendo preenchidas com as pessoas mais inteligentes e instruídas disponíveis, e muito se disse e se escreveu a favor e contra essa proposta. Um dos argumentos mais usados pelos adversários é o de que o cargo de um servidor permanente do Estado não oferece perspectivas de salário e importância suficientes para atrair os mais talentosos, que sempre serão capazes de encontrar uma carreira mais atraente nas profissões liberais ou a serviço de empresas e outras instituições públicas. Não seria surpreendente se esse argumento fosse usado pelos defensores da proposta como uma resposta à sua principal dificuldade. Vindo dos adversários é bastante estranho. O que se apresenta como objeção é a válvula de escape do sistema proposto. Se realmente todos os maiores talentos do país pudessem ser atraídos para o serviço do governo, uma proposta que tendesse a provocar esse resultado poderia inspirar inquietação. Se todas as partes dos negócios da sociedade que exigem combinações organizadas ou visões amplas e abrangentes ficassem nas mãos do governo, e se todos os cargos do governo fossem universalmente preenchidos pelos mais capazes, toda a cultura ampliada e a inteligência exercida no país, exceto a puramente especulativa, se concentrariam numa numerosa burocracia, a qual o restante da comunidade procuraria para todas as coisas: a multidão, em busca de direção e ordens para tudo que tivesse de fazer; os competentes e os ambiciosos, em busca de promoção pessoal. Ser admitido nas fileiras da burocracia e, depois de admitido, ascender nela, seria o único objetivo da ambição. Sob esse regime, não só o público externo é mal qualificado, por falta de experiência prática, para criticar ou controlar o modo de operação da burocracia, mas também, mesmo se a casualidade de uma manobra despótica ou o funcionamento natural das instituições populares ocasionalmente levasse ao poder um governante ou governantes de inclinações reformistas, nenhuma reforma poderia ser efetuada caso fosse contrária ao interesse da burocracia.

Essa é a condição melancólica do Império Russo, como revelam os relatos daqueles que tiveram suficiente oportunidade de observação. O próprio czar é impotente contra o corpo burocrático; ele pode mandar qualquer burocrata para a Sibéria, mas não consegue governar sem eles ou contra a vontade deles. A burocracia tem poder de veto tácito em relação a qualquer decreto do czar, simplesmente abstendo-se de implementá-lo. Em países de civilização mais avançada e de espírito mais insurrecional, o público, acostumado a esperar que o Estado faça tudo por ele ou, pelo menos, acostumado a não fazer nada por si mesmo sem pedir permissão para o Estado e até querendo saber como fazer, naturalmente considera o Estado responsável por todo o mal que se abate sobre ele, e quando o mal supera sua dose de paciência, levanta-se contra o governo e faz o que se chama de revolução; em consequência disso, alguém, com ou sem autoridade legítima da nação, toma o poder, emite suas ordens para a burocracia e tudo continua como antes; a burocracia permanece inalterada e ninguém mais é capaz de substituí-la.

Um povo acostumado a conduzir seus próprios assuntos apresenta um espetáculo muito diferente. Na França, como grande parcela da população serviu as forças armadas e muita gente ocupou o posto de oficial não comissionado, em todas as insurreições populares existem diversas pessoas competentes para assumir o comando e improvisar algum plano de ação razoável. O que os franceses são em relação aos assuntos militares, os americanos são em relação a todos os tipos de assuntos civis; se ficarem sem governo, todos os grupos de americanos serão capazes de improvisar um e levar avante qualquer assunto público com uma dose suficiente de inteligência, ordem e decisão. É como todo povo livre deveria ser, e um povo capaz disso com certeza é livre; jamais se deixará escravizar por qualquer homem ou grupo de homens porque são capazes de tomar e manobrar as rédeas da administração central. Nenhuma burocracia pode esperar que um povo assim faça ou se submeta a algo que não deseje. Porém, onde tudo se faz por meio da burocracia, nada a que ela seja realmente contrária pode ser feito. A constituição desses países envolve a organização da experiência e da capacidade prática da nação num corpo disciplinado com o propósito de governar o resto da população; e quanto mais perfeita for essa organização, mais bem-sucedida será em atrair e educar para si as pessoas de maior capacidade de todos os níveis da comunidade, mais completa será a sujeição de todos, incluindo os membros da burocracia. Pois os governantes são tão escravos de sua organização e disciplina quanto os governados são dos governantes. Um mandarim chinês é tão instrumento e criatura de um despotismo quanto o mais humilde agricultor. Um jesuíta é escravo de sua ordem no mais alto grau de humilhação, mas a ordem existe para o poder e a importância coletiva de seus membros.

Tampouco se deve esquecer que, mais cedo ou mais tarde, a absorção de toda a principal capacidade do país no corpo governante é fatal para a atividade mental e o progresso do próprio corpo. Unido como está — operando um sistema que, como todos os sistemas, em grande medida evolui necessariamente mediante regras fixas —, o corpo oficial está sob a tentação constante de mergulhar numa rotina indolente ou, se de vez em quando abandona essa prática constante, entrega-se a alguma imbecilidade que impressionou a imaginação de algum membro importante dos corpos; e o único controle dessas tendências intimamente aliadas, embora aparentemente opostas, o único estímulo capaz de manter a capacidade do corpo em alto padrão, é a sujeição à crítica vigilante de fora do corpo e de igual capacidade. Portanto, é indispensável que os meios existam, independentemente do governo, de formar tal capacidade e de lhe fornecer as oportunidades e a experiência necessárias para um julgamento correto dos grandes assuntos práticos. Se quisermos possuir de modo permanente um corpo de funcionários competentes e eficientes — acima de tudo, um corpo capaz de criar e disposto a adotar melhorias; se quisermos que nossa burocracia não se degenere em pedantocracia, esse corpo não deve absorver todas as ocupações que formam e cultivam as faculdades necessárias para o governo da humanidade.

Estão entre as questões mais difíceis e complicadas na arte do governo: determinar em que ponto começam os males, tão temíveis à liberdade e ao avanço humano, ou melhor, em que ponto começam a predominar sobre os benefícios que estão presentes na aplicação coletiva da força da sociedade, sob seus líderes reconhecidos, para a remoção dos obstáculos existentes no caminho de seu bem-estar, e assegurar o máximo das vantagens do poder e da inteligência centralizados que podem ser logrados sem concentrar em canais governamentais uma proporção muito grande da atividade geral. Em grande medida, trata-se de uma questão de detalhe, em que diversas considerações devem ser mantidas em vista e nenhuma regra absoluta pode ser estabelecida. Mas acredito que o princípio prático em que reside a segurança, o ideal a se manter em vista, o padrão pelo qual se testam todos os arranjos destinados a superar a dificuldade possa ser transmitido com estas palavras: a máxima disseminação de poder em consonância com a eficiência; mas a máxima centralização possível de informação e difusão dela a partir do centro. Assim, na administração municipal, haveria, como nos estados da Nova Inglaterra, uma distribuição muito meticulosa entre os distintos funcionários, escolhidos pelas localidades, em relação a todos os assuntos que é melhor não deixar sob a responsabilidade das pessoas diretamente interessadas; mas, além disso, haveria uma superintendência central em cada departamento de assuntos locais, formando uma agência do governo geral. O órgão dessa superintendência concentraria, como num foco, a variedade de informações e experiências resultantes da conduta daquela agência de assuntos públicos existente em todas as localidades, e também de tudo o que é análogo feito em países estrangeiros e a partir dos princípios gerais da ciência política. Esse órgão central teria o direito de saber tudo o que é feito, e seu dever específico deveria ser o de tornar o conhecimento adquirido em um lugar disponível para outros. Livre dos preconceitos mesquinhos e das visões estreitas de uma localidade por meio de sua posição mais elevada e esfera abrangente de observação, seu aconselhamento naturalmente teria muita autoridade; mas seu poder real, como instituição permanente, deveria se limitar, do meu ponto de vista, a obrigar os funcionários locais a obedecer às leis estabelecidas para orientá-los. Em todas as coisas não previstas pelas regras gerais, esses funcionários deveriam ser deixados ao seu próprio julgamento, com responsabilidade em relação aos seus eleitores. Pela violação das regras, eles deveriam prestar contas à lei, e as próprias regras deveriam ser estabelecidas pelo legislativo, com a autoridade administrativa central apenas zelando por sua execução, e se não fossem devidamente implementadas, apelando, conforme a natureza do caso, aos tribunais para impor obediência à lei ou aos distritos eleitorais para dispensarem os funcionários que não as executaram de acordo com o espírito da lei.

Em sua concepção geral, essa é a superintendência central que o Conselho da Lei dos Pobres (Poor Law Board) pretende exercer sobre os administradores do imposto de ajuda aos pobres (Poor Rate) em todo o país. Qualquer poder que o Conselho exercer além desse limite é justo e necessário no caso específico de sanear hábitos enraizados de má administração referentes a assuntos que afetam profundamente não apenas as localidades, mas toda a comunidade, já que nenhuma localidade tem o direito moral de se tornar, por má administração, um abrigo de absoluta pobreza, que necessariamente se espalhará para outras localidades e prejudicará a condição moral e física de toda a comunidade trabalhadora. Os poderes de coerção administrativa e legislação subordinada que o Conselho da Lei dos Pobres possui (mas que, devido ao estado da opinião sobre o assunto, são exercidos de modo muito deficiente), embora perfeitamente justificáveis num caso de interesse nacional de primeira ordem, seriam totalmente fora de propósito na superintendência de interesses puramente locais. Contudo, um órgão central de informação e instrução para todas as localidades seria igualmente valioso em todos os departamentos da administração. Nunca é demasiado o tipo de atividade governamental que não impede e sim ajuda e estimula o esforço e o desenvolvimento individual. O mal começa quando, em vez de mobilizar a atividade e os poderes dos indivíduos e dos corpos, o governo substitui sua própria atividade pela deles; quando, em vez de informar, aconselhar e, ocasionalmente, denunciar, ele os força a trabalhar sob grilhões ou ordena que se afastem e faz o trabalho deles. A longo prazo, o valor de um Estado é o valor dos indivíduos que o compõem; e um Estado que pospõe os interesses da expansão e elevação mental deles a um pouco mais de habilidade administrativa, ou daquela aparência de habilidade que a prática dá, nos detalhes dos negócios; um Estado que apequena seus homens para que possam ser instrumentos mais dóceis em suas mãos, mesmo que para fins benéficos, descobrirá que com homens pequenos nada de grande pode realmente ser realizado e que a perfeição da máquina, para a qual sacrificou tudo, no final das contas de nada valerá, por falta do poder vital que, para que a máquina pudesse funcionar sem maiores percalços, preferiu banir.

NOTAS

1 Essas palavras mal acabavam de ser escritas, quando, como que para enfaticamente contradizê-las, ocorreram os Processos do Governo contra a Imprensa, de 1858. No entanto, essa interferência imprudente na liberdade de discussão pública não me induziu a alterar uma única palavra no texto, nem enfraqueceu minha convicção de que, excetuados os momentos de pânico, a época de penalidades e castigos por causa de debates políticos acabou em nosso país. Pois, em primeiro lugar, os processos não prosseguiram; em segundo, nunca foram processos políticos propriamente ditos. O delito alvo de acusação não era o de criticar as instituições, nem os atos ou as pessoas dos governantes, mas o de propagar o que era considerado uma doutrina imoral, a legalidade do Tiranicídio.

Se os argumentos do presente capítulo possuem alguma validade, há de haver a mais completa liberdade de manifestar e discutir, como uma questão de convicção ética, qualquer doutrina, por mais imoral que possa ser considerada. Portanto, seria irrelevante e sem propósito examinar aqui se a doutrina do Tiranicídio merece esse título. Contento-me em dizer que o assunto sempre foi uma das questões em aberto sobre a conduta moral; que o ato de um cidadão particular ao matar um criminoso que, erguendo-se acima da lei, colocou-se fora do alcance da punição ou do controle, tem sido considerado por nações inteiras e por alguns dos melhores e mais sábios homens, não como um crime, mas como um ato de elevada virtude; e que a natureza desse ato, certo ou errado, não é o assassinato, mas a guerra civil. Como tal, defendo que a incitação ao ato, em um caso específico, possa ser objeto adequado de punição, mas apenas se um ato evidente se seguir à incitação e se pelo menos uma ligação provável puder ser estabelecida entre o ato e a incitação. Mesmo assim, não é um governo estrangeiro, mas o próprio governo atacado, que sozinho, no exercício da autodefesa, pode legitimamente punir ataques dirigidos contra sua existência.

2 Thomas Pooley, Sessões do Tribunal de Bodmin, 31 de julho de 1857. Em dezembro de 1857, ele foi indultado pela Coroa.

3 George Jacob Holyoake, 17 de agosto de 1857; Edward Truelove, julho de 1857.

4 Barão de Gleichen, Tribunal de Polícia da Marlborough Street, 4 de agosto de 1857.

5 Uma advertência mais do que suficiente pode ser extraída da grande infusão das paixões dos perseguidores, que se misturaram com a exibição geral das piores partes de nosso caráter nacional por ocasião da Revolta dos Cipaios. Os desvarios de fanáticos ou charlatães no púlpito podem não ser dignos de atenção, mas os chefes do partido evangélico anunciaram como seu princípio para o governo de hindus e maometanos que não se apoiasse com dinheiro público nenhuma escola em que a Bíblia não fosse ensinada, e, como consequência inevitável, que nenhum emprego público fosse dado senão a cristãos reais ou pretensos. Um subsecretário de Estado, num discurso proferido aos seus eleitores em 12 de novembro de 1857, teria dito: "A tolerância da fé deles" (a fé de cem milhões de súditos britânicos) "a superstição que chamaram de religião, por parte do Governo Britânico, tivera o efeito de retardar a supremacia da autoridade britânica e impedir o crescimento saudável do cristianismo [...]. A tolerância foi a grande pedra angular das liberdades religiosas deste país, mas que não se abuse dessa preciosa palavra "tolerância". Como ele a entendia, significava a completa liberdade para todos, a liberdade de culto, entre os cristãos, que cultuavam com base no mesmo fundamento. Significava a tolerância de todas as seitas e denominações dos cristãos que acreditavam na única mediação". Quero chamar a atenção para o fato de que um homem que foi considerado apto para exercer um alto cargo no governo deste país, num gabinete liberal, conserva a doutrina de que todos que não acreditam na divindade de Cristo passam dos limites da tolerância. Quem, depois dessa exibição de imbecilidade, pode se permitir a ilusão de que a perseguição religiosa acabou e nunca mais vai voltar?

6 *The Sphere and Duties of Government*, tradução do alemão da obra do barão Wilhelm von Humboldt, pp. 11-13.

7 *Essays*, de Sterling.

8   Há algo simultaneamente desprezível e aterrador no tipo de prova sobre a qual, nos últimos anos, qualquer pessoa pode ser declarada judicialmente incapaz para a administração de seus negócios; e, depois de sua morte, a disposição de seus bens pode ser objeto de reserva se há o suficiente para pagar as despesas processuais, que são cobradas sobre os próprios bens. Todos os pequenos detalhes de sua vida cotidiana são esquadrinhados e o que quer que seja encontrado que, visto através de um meio capaz de perceber e descrever as piores entre todas as aptidões, tenha uma aparência diferente do lugar-comum absoluto, é posto diante do júri como prova de insanidade e, muitas vezes, com êxito; os jurados, sendo tão ou quase tão vulgares e ignorantes quanto as testemunhas, enquanto os juízes, com aquela extraordinária falta de conhecimento da natureza e vida humana que continuamente nos assombra nos advogados ingleses, frequentemente ajudam a induzi-los ao erro. Esses julgamentos dizem muito quanto ao estado de sentimento e opinião entre o vulgo em relação à liberdade humana. Longe de atribuir qualquer valor à individualidade, longe de respeitar o direito de cada indivíduo de agir, em coisas indiferentes, como parecer bom ao seu julgamento e às suas inclinações, os juízes e os jurados não conseguem sequer conceber que uma pessoa em condição de sanidade possa desejar tal liberdade. Antigamente, quando se propunha queimar ateus, as pessoas benevolentes costumavam sugerir interná-las num hospício: atualmente, não seria nada surpreendente se essa sugestão fosse adotada, e os executantes aplaudiriam a si mesmos, porque, em vez de perseguirem por motivos religiosos, teriam adotado uma maneira muito humanitária e cristã de tratar esses infelizes, não sem uma satisfação muda por eles terem com isso obtido o merecido castigo.

9   O caso dos pársis de Mumbai é um exemplo curioso. Quando essa tribo diligente e empreendedora, descendente dos adoradores de fogo persas, partiu da terra natal fugindo dos califas e chegou à Índia Ocidental, foi acolhida com tolerância pelos soberanos hindus, sob a condição de não consumir carne de vaca. Quando essas regiões depois caíram sob o domínio dos conquistadores maometanos, os pársis obtiveram deles uma continuidade da indulgência, sob a condição de se privar do consumo de carne de porco. Aquilo que foi inicialmente obediência à autoridade se transformou numa segunda natureza, e os pársis até hoje se abstêm do consumo de carne bovina e suína. Embora não exigida por sua religião, a abstinência dupla teve tempo de se tornar costume da tribo, e, no Oriente, costume é uma religião.

ASSINE NOSSA NEWSLETTER E RECEBA INFORMAÇÕES DE TODOS OS LANÇAMENTOS

www.faroeditorial.com.br

Há um grande número de portadores do vírus HIV e de hepatite que não se trata. Gratuito e sigiloso, fazer o teste de HIV e hepatite é mais rápido do que ler um livro.

FAÇA O TESTE. NÃO FIQUE NA DÚVIDA!

CAMPANHA

ESTA OBRA FOI IMPRESSA PELA GRÁFICA BMF EM MAIO DE 2019